Debilenmilch

Auf den Spuren des legendären Kaffeerösters Bruno A. Sauermann

Roman

Christoph Grissemann und Dirk Stermann

Tropen

Tropen
www.klett-cotta.de / tropen
© 2007 by J. G. Cotta'sche Buchhandlung
Nachfolger GmbH, gegr. 1659, Stuttgart
Alle Rechte vorbehalten
Printed in Germany
Umschlag: PEPPERZAK BRAND
unter Verwendung eines Fotos von Udo Leitner
Abbildungen auf den Seiten 19 und 23 von columbusnext.
© 2007 columbusnext
Abbildungen auf den Seiten 48, 134 und 143 von Artur Bodenstein
© 2007 by Artur Bodenstein
Gesetzt in den Tropen Studios, Leipzig
Auf säure- und holzfreiem Werkdruckpapier gedruckt
und gebunden von CPI – Clausen & Bosse, Leck
ISBN 978-3-608-50401-9

Siebte Auflage, 2010

Inhalt

Vorrede 7

Das Leben des legendären Kaffeerösters Bruno A. Sauermann

Glückliche Jahre in der Marmordusche 11

Zwischen Dummschule und Quallenmuseum 26

Freude und Plage der Bierbrauer Pipsi und Gulli 34

Der Aufstand der Pferdestriegler 44

Lehr- und Liebesjahre an »dä Humpwäsch« 55

Die düstere Kriegszeit und der Anfang einer großen Liebe 75

Das kalte Geheimnis und die Bierkäfer in der »Nassen Mütz« 92

Der Aufstieg einer Kaffeerösterlegende 111

Mit Klopfhoden um die Welt 139

Die abenteuerliche Reise des Bruno A. Sauermann

Nachgereist und niedergeschrieben von
Dirk Stermann und Christoph Grissemann 151

Quellenverzeichnis 219

Liebe Leser,

das Buch, das Sie in Händen halten, ist das Ergebnis einer fast 20-jährigen Recherche, für deren Finanzierung wir in dieser Zeit mühsam in Funk und Fernsehen arbeiten mussten. Unser Hauptinteresse galt in all den Jahren aber immer Bruno A. Sauermann, mit dessen Lebensgeschichte es uns gelungen ist, ein komplettes Sittenbild der ersten drei Jahrzehnte des 20. Jahrhunderts zu zeichnen.

Dass die vorliegende Arbeit von den Universitäten Wien, Düsseldorf, Berlin, München sowie der Montan-Universität Leoben als Habilitationsschrift abgelehnt wurde, hinterlässt uns fassungslos und traurig. Insgesamt führten wir 4.216 Interviews mit Zeitzeugen, durchforsteten 9.584 Artikel in Zeitungsarchiven, lasen seit 1987 14.109 Bücher zum Thema, sogenannte »Sekundärliteratur«, und bereisten 47 Länder in 47 Tagen auf den Spuren des großen Europäers Bruno A. Sauermann. Die Tagebücher unserer nachgestellten Sauermann-Weltreise finden Sie ab S. 151.

Es ist erstaunlich und kränkend zugleich, dass neun EU-Förderanträge abgewiesen wurden. Auch diverse Kooperationen mit Radio- und Fernsehsendern kamen nicht zustande.

Geradezu empört sind wir über die ausgebliebene Solidarität unter Historikerkollegen. Trotz mehrfacher Hilferufe und Appelle war keiner der »lieben Kollegen« bereit, mit uns zu kommunizieren.

Dass dieses Buch trotzdem entstehen konnte, liegt an unserer Beharrlichkeit und der freundlichen Unterstützung von Hans Huhn, dem Neffen des Schriftstellers Frank Huhn.

Begeistern Sie sich nun, so wie wir, für das außergewöhnliche Leben des Kaffeerösters Bruno A. Sauermann.

Herzlichst,

Dirk Stermann   Christoph Grissemann

Wien, den 20. September 2007

Das Leben des legendären Kaffeerösters Bruno A. Sauermann

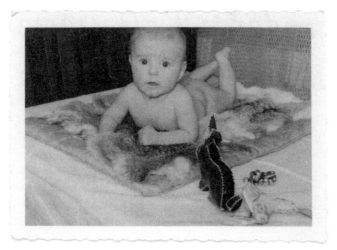

Bruno A. Sauermann in jungen Jahren, 1902 (Anm.: Soweit nicht anders angegeben stammen alle Abbildungen aus dem Nachlass von Bruno A. Sauermann.)

Glückliche Jahre in der Marmordusche

Bruno A. Sauermann wurde am 23. Februar 1902 in Köln als erstes Kind geboren. 1902 war ein geburtenschwacher Jahrgang. Das nächste Kölner Kind erblickte erst im Juli das Licht der Welt. Das Geburtenregister des Kölner Standesamts führte 1902 insgesamt drei Neugeborene. Neben Bruno A. Sauermann einen gewissen Johannes Hampel, der sein kurzes Leben (1902–1921) dem Efeu widmete, und Richard Brumm, der 1975 mit der spanischen Airline »Spantax« beim Landeanflug auf Menorca Opfer der Flammen werden sollte. (Anm.: Damals stürzten regelmäßig Flugzeuge der Airline »Spantax« ab. Man wurde vor jedem Start aufgefordert, mit einem Trainingsanzug bekleidet einzusteigen, da die Leichen später in Turnhallen aufgebahrt wurden.) Im Zivilberuf war Brumm Bäcker und Bauer.

Bruno Sauermann kam in der elterlichen Wohnung zur Welt. Es war eine sehr simple Hausgeburt in Köln-Nippes in der Faulmannstraße 29. Obwohl seine Mutter Bertha Sauermann zum Zeitpunkt der Geburt an Herpes-Zoster, einer schmerzhaften Gürtelrose, litt, kam Bruno nach wenigen Minuten und nur drei Presswehen gesund zur Welt. Er war 51 Zentimeter groß und wog 3.200 Gramm. Nichts deutete darauf hin, dass Bruno Sauermann ein besonderer Mensch war. Er sah ganz genauso aus wie damals alle anderen Neugeborenen in Köln. (Vgl. Richard Brumm. Brumm war fünzig Zentimeter groß und wog 3.300 Gramm. Brumm litt an Pseudokrupp, vielleicht weil Brumm Senior Kehlkopfkrebs hatte.)

Bruno wuchs in einem vermögenden, liberalen Haushalt auf. Sein Vater, Oskar Sauermann, geboren 1872 in Lübeck (†1907), wurde zum Zuckerbäcker ausgebildet. Seine Ausbildungsstätte war die elterliche Wohnung, die zur Hälfte als Konditorei genutzt wurde. »Klein, aber sfein«, so sagte man in Lübeck. Tatsächlich war der Konditoreiteil der Wohnung ursprünglich nur acht Quadratmeter groß. Die Spezialität war das sogenannte »süße Sauerbrötchen«.

ZUTATEN:

30 g Natriumhydroxid (NaOH) Qualitätsstufe reinst bzw.
purissimum

1.000 ml Wasser
ergibt 3%ige Lösung
500 g Weizenmehl Type 450 (Auszugsmehl)
2 TL Salz
1 TL Zucker
$\frac{1}{4}$ l lauwarmes Wasser
1 Würfel Frischhefe
40 g Margarine
200 g Lübecker Marzipan
$\frac{1}{4}$ l Essig
Grobes Salz zum Bestreuen

Der Zuckerbäcker Björn Beller empfiehlt, fürs Ansetzen der Natronlauge eine Jenaer Glasschüssel zu verwenden. Beim Laugen der Brezeln sollten Gummi- oder Haushaltshandschuhe verwendet werden. »Ohne Handschuhe fallen einem von einer dreiprozentigen NaOH-Lösung zwar nicht sofort die Hände ab, aber wenn man kleine Wunden hat, kann es ganz schön brennen.« (Anm.: Björn Beller, *Lehr- und Wanderjahre eines Zuckerbäkers und Quäkers*, Kapitel 37: »Saure Brezeln am Holstentor«, S. 432 ff., New York, 1906.)

Die Sauermanns waren über alle Maßen liberal, aber doch Kleinbürger. Oskar Sauermann maß 142 Zentimeter und litt an einer Schulterdeformation, so dass er nicht zu den Soldaten musste. Als er 14 Jahre alt war, starben seine Eltern kurz hintereinander. (Anm.: Edgar Sauermann [1853–1886] starb an einer Luftröhrenfraktur. »Mutti« Sauermann [tatsächlicher Vorname unbekannt], geboren ? in ?, ist 1886 in Lübeck gestorben. Auf der Totenurkunde machen Wasserflecken ihren Vornamen unlesbar. Man kann ein »Gr« erkennen. Grete? Gritt? Sie starb an Magenbruch. Mutti Sauermann wurde mit einem Marzipanfrosch in der Faust von ihrem Sohn um 4.53 Uhr am 23. August gefunden. Die Totenstarre hatte bereits eingesetzt. Es gelang nicht mehr, ihr die Faust zu öffnen. So wurde Mutti Sauermann mit dem Marzipanfrosch zusammen auf dem liberal-evangelischen Gerhard-Tersteegen-Friedhof, Lübeck, beigesetzt.)

Trotz seiner Jugend zögerte Oskar nicht, das Werk seiner Eltern fortzuführen. Mit Hingabe leitete und vergrößerte er die Konditorei. Das elterliche Schlafzimmer, das nach dem Tod der Eltern nicht mehr gebraucht wurde, wandelte er in eine gemütliche Gaststube um.

Die Konditorei lief prächtig. Zusätzlich zum Ladenverkauf belieferte er Gasthäuser und Kaffeestuben, hauptsächlich mit Brezelbroten. So auch die Alt-Lübecker Kaffeestube »Sack« (Am Vogelplatz 9), die seit dem 18. Jahrhundert ein Treffpunkt der freisinnigen Lübecker Gesellschaft war. Serviererin im »Sack« war die Vollwaise Bertha Bumml, deren Eltern 1881 bei einem Schiffsunglück aus dem Leben gerissen wurden. (Anm.: Paul Bumml, 1851–1881, und Charlotte »Charly« Bumml, 1855–1881. Beide starben auf tragische Weise, als sie mit einem Ruderboot zwischen drei Nordseedampfer gerieten.)

Bertha war eine fröhliche und liberale junge Dame, die von fremden Ländern träumte. Der Kaffeegeruch im »Sack« ließ ihre Sinne schweifen nach Arabien und Afrika und Costa Rica und Brasilien. Ihr sehnsuchtsvoller Blick in die Ferne gefiel dem Zuckerbäcker und Bertha mochte kleine Männer, vor denen sie sich nicht fürchten musste. Seine deformierte Schulter erinnerte sie an ein Modell der Rocky Mountains. Der Zuckerbäcker und die Serviererin wurden ein Paar. 1891 heirateten sie standesamtlich. Bertha zog in die Konditorei am Hundemarkt und servierte fortan das herrliche süßsaure Brezelbrot den eigenen Gästen. Die Ehe verlief ruhig, ohne Höhepunkte und vorerst kinderlos.

Am 13. Januar 1896 hatte Bertha Sauermann die spontane Eingebung, eine sehr große Portion Schlagobers zum Brezelbrot zu servieren (Anm.: 250 Gramm pro Portion): Das Brezelbrot verschwand zur Gänze im Sahneberg. (Vgl. »Herkunft der Redewendung ›Erste Sahne‹«, in: *Lübecker Sprachscheitel*, S. 128 ff.) Diese neugeschaffene lukullische Kreation wurde zum fixen Bestandteil der Lübecker Gastronomie. Bertha experimentierte weiter und versah immer mehr

Gerichte mit einem großen Berg Sahne. Um die Jahrhundertwende trafen folgende von ihr zubereitete Gerichte den Geschmacksnerv der Lübecker:

- Bratwürstel mit Senf und Sahne
- Sahnehering
- Sahnesuppe mit Schnitzelchen
- Schweinefüße im Sahnemantel
- Erdbeeren mit Schlag

Die Lübecker liebten sahniges Essen. Die Konditorei wurde zum Gourmettreff. Wohlhabende Kaufleute, die Spitzenkräfte der Hanse, gingen bei den Sauermanns ein und aus. Reeder aus Rostock und Tuchhändler aus Hamburg, Schweriner Gewürz- und Bremer Fischhändler, man traf sich zu herrlichsten sahnigen Speisen in der kleinen, windschiefen Konditorei und die Preise zogen kräftig an. Die oben genannten Gerichte sorgten für finanzkräftige Gäste und diese dafür, dass die Sauermanns reich und vulgär wurden. Sie vertrieben sich ihre Zeit in Freudenhäusern, vor allem Bertha, die in dieser Zeit stark zu trinken begann. Aber auch hier war sie kreativ. Sie erfand das Getränk, das heute nur noch unter dem Namen »White Russian« bekannt ist und aus Wodka, Kahlúa und Sahne besteht. Sie selbst nannte das Getränk »Russenmilch«. Bertha unterhielt sich immer öfter in einer Art vulgärem Plattdeutsch. »Leukke Lütt hee. Ick e Butt futz!«, sagte sie häufig, wenn sie von Nachtwächtern und Spätgendarmen in Gewahrsam genommen wurde. In ihrem Stammfreudenhaus »De Deern« muss es wohl gewesen sein, dass sie sich den Herpesvirus fing, der fortan in ihrem Leib wohnte und sich mit den Jahren zu einer körperumspannenden Gürtelrose auswuchs. »Driss di dat woll!«, rief sie und tauchte ein in das haltlose Treiben der »Deern«. Sie trank mit Damen wie »Katja, der Sturzbaracke«, spielte Karten mit Herren, die sich »Das Hundsgemeine« nannten, und verschwand mit wechselnder Begleitung in Séparées.

Oskar traf sich ab 1900 regelmäßig mit Dietrich Hans Schmand, der mit britischen Eisenbahnschienenaktien ein großes Vermögen angehäuft hatte. Der aus Bayern stammende Schmand riet Oskar zum Schritt aufs Börsenparkett. Ein riskantes Unterfangen, das vor allem bei Bertha auf Missfallen stieß.»Lutsch di noot!« Trotzdem kaufte Oskar 1901 45.000 Schlagobersaktien der »Nederlands Molkering Gesellingsschaap«. Innerhalb eines Jahres stiegen die Schlagobersaktien um fast 240 Prozent. Schmand hatte Recht behalten, die Sauermanns schwammen in Geld. Gleichzeitig aber war Bertha nach etlichen nächtlichen Eskapaden und einem dreimonatigen Aufenthalt in der Nervenklinik »Vogelhaus« gesellschaftlich nicht mehr tragbar. Das schöne Lübeck zeigte den Sauermanns sein hässliches Gesicht aus Neid und Missgunst. Sie verkauften die Konditorei am Hundemarkt am 11. Januar 1902 für 13.000 Mark an den Tierpräparator Christian Bröckel, dem der Hauskauf aber kein Glück bringen sollte. Bereits im Februar wurde er im Wald von Bienen angegriffen und starb. Er war nur 26 Jahre alt geworden.

Oskar und Bertha Sauermann verließen Lübeck und zogen auf Vermittlung von Dietrich Hans Schmand in den sogenannten »Fürstenhof« in der Kölner Faulmannstraße. Das prächtigste Haus in Köln-Nippes. Ihr Nachbar: Dietrich Hans Schmand. Die Schmand-Villa in der Faulmannstraße Nr. 23–27 hatte 15 Zimmer und stand zur Gänze auf einem dreieinhalb Meter hohen Gerüst, um sie vor dem Rheinhochwasser zu schützen. Dietrich Hans Schmand war ein liberaler Lebemann mit homoerotischen Neigungen. Ein Mahagoni-Spazierstock mit Motiven des Kölner Karnevals war sein Markenzeichen. In der Schmand-Villa gab es für den Spazierstock ein eigenes Zimmer, in dem der Stock auf einem Samtpolster lag: das sogenannte »Stockzimmer«. Es gab das »Likörzimmer« und den »Dummen Salon«. Schmand lebte alleine in seiner riesigen Villa. Nur ein Hund schenkte ihm Aufmerksamkeit, ein Blauhaar.

Bruno Sauermann spielte als Kind oft in der Schmand-Villa. Sie war unheimlich. Er fürchtete sich vor dem Blauhaar, der knurrend vor dem »Schlechten Zimmer« wachte, aber er liebte die wunderbare Marmordusche in dem sogenannten »Schwulen Bad«. Anfang des 20. Jahrhunderts waren Duschen sehr selten. Schmand erlaubte dem Buben stundenlanges Duschen. Es war unvergleichlich. Der kleine Bub lachte hell auf, freute sich grenzenlos – er war der kleine Sultan im Reich der Sinne. Marmorne Becken und goldene Beschläge. Seifen ohne Zahl und Wässerchen in kunstvoll geblasenen Fläschchen. Bruno zählte und notierte sieben Naturschwämme. Er hatte diesen Blick fürs Detail. Nach der heißen Dusche war Brunos Kreislauf geschwächt.

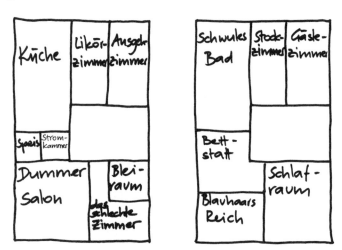

Wohnungsplan der Schmand-Villa: »Schwules Bad«, Bettstatt (später Brunos Zimmer), Schlafraum, Blauhaars Reich, »Das schlechte Zimmer«, »Likörzimmer«, »Stockzimmer«, Küche, Dummer Salon, Speis, Bleiraum, Gästezimmer, Toilette, Ausgehzimmer, Stromkammer)

Um ihn zu stabilisieren, gab Schmand dem Knaben türkischen Kaffee. So trank Bruno schon mit zwei Jahren täglich fünf halbe Liter Kaffee aus einem Stahlhumpen der Marke »Meggle«. (Vgl. *Stahl und Stil – Von Humpen und Panzern. Die wechselvolle Geschichte der Firma Meggle*, Basel, 1946.)

Von der Kiesterrasse der Schmand-Villa aus sah man direkt in das kleine Zimmer des »Fürstenhofs«, in dem die schlesische Zugehfrau Zsuzsa wohnte. Der »Fürstenhof« wurde 1802 vom Münsteraner Architekten Walther von Kanz entworfen. Eigentlich als Viehgestüt geplant, wurde er aus finanziellen Gründen schließlich als priesterlicher Doppelbau errichtet. Der Kölner Kardinal Kurt wohnte von März 1804 bis zu seinem Tod Anfang April 1804 im »Fürstenhof« gemeinsam mit der Familie des Hofabtes Richard Vogelstrauß. (Vgl. *Hier kommt Kurt – Einmal Bischof und zurück. Launige Lebenserinnerungen eines pensionierten Doppelhof-Abtes*, Paderborn, Füchse Verlag, 1894.)

Oskar und Bertha Sauermann waren Anfang des 20. Jahrhunderts sorgenfrei. Sie lebten vorzüglich von den Erträgen der Schlagobersaktien. Sie schliefen lange und bummelten durch die Lauben Kölns. Schmand war stets dabei, den Mahagoni-Spazierstock im Arm. Man nannte sie »das Kölner Dreigestirn«. Es waren glückliche Tage.

1902 brachte eine jähe Wendung. Bertha bekam einen Sohn und zeitgleich rasselten die Schlagobersaktien in den Keller. Die »Nederlands Molkering Gesellingsschaap« ging im so genannten Belgischen Kuhkrieg unter, sie hatte, wie man damals sagte, »auf die falsche Kuh gesetzt«. (Vgl. Eddie van de Vliet, *Cows and Kings. Leere Euter an der Maas*, Noord Verlag, Rotterdam, 1907.)

Für Oskar Sauermann brach eine Welt zusammen. Er sollte sich von dem Börsenschock nie mehr ganz erholen. Bruno hat seinen Vater nur als gebrochenen Mann erlebt, der mit offenem Morgenmantel ohnmächtig in der Diele lag oder mit den Fäusten stundenlang in der Vorratskammer wühlte. Bertha notierte in ihrem Wochenbuch, dass Oskar und Bruno, wie sie es ausdrückte, »nü quätsch«, also niemals miteinander sprachen. Aus Oskars Jahrzehntebuch, in dem es lediglich drei Einträge gibt, erfahren wir den wahrscheinlichen Grund für die Distanz zwischen Vater und Sohn. »Ganz sicher e Schmandbub!« (Vgl. Oskar Sauermanns Jahrzehntebuch, S. 2.) Er vermutete also, dass Bertha nicht seine, sondern Dietrich Hans Schmands Frucht im Leibe getragen hatte. Tatsächlich hatte Bertha seit dem Umzug nach Köln jede Nacht in Schmands Bett verbracht und der Bub hatte unverkennbar die gleichen markanten Oberschenkel und Fingerkuppen wie Dietrich Hans Schmand. Der kleine, schulterdeformierte Oskar irrte allerdings. Heute weiß man aufgrund modernster DNA-Analysen, dass Oskar Sauermann mit 62-prozentiger Wahrscheinlichkeit Brunos Vater ist. Möglich sei aber

Das Leben des Bruno A. Sauermann

auch, dass sich der Samen der beiden Männer vermischt habe, so Prof. Bernd Plautz von der Universitätsklinik Rüdesheim. Also eine Art »Sauermann'scher Schmand«. Schmand selbst kommt als alleiniger Vater jedoch sicher nicht in Frage, so das Ergebnis.

Bruno verbrachte die meiste Zeit mit der schlesischen Zugehfrau Zsuzsa (1874–1917), von der noch ein Selbstporträt in Form eines Scherenschnitts erhalten ist, sowie ein auf polnisch verfasster Einkaufszettel, datiert auf den »21. März 1903«:

15 gat bucz
2 tr slo

Zsuzsa war nach einem Waschunfall einäugig und überhaupt sehr attraktiv. Aus ihrem Bauch wuchs ein Zwilling, beide Beine und das Gesäß. In jener Zeit nichts Ungewöhnliches. Zsuzsa hatte ausladende Hüften und »Räuberbrüste«, wie man damals sagte. »Beine wie Steckrüben«, rief Schmand erfreut, als er sie das erste Mal von seiner Kiesterrasse aus sah. Tatsächlich hatte Zsuzsa nur etwa dreißig Zentimeter lange, schwere Stampfer, was ihr etwas Knollengleiches verlieh.

Bertha trank wieder. Ihr Kölner Lieblingslokal wurde »Das Faule«, Ecke Stielstraße/Faulmannstraße. (Anm.: Heute ist »Das Faule« ein albanisches Versicherungsbüro. Ein Besuch lohnt sich sicher.)

Neben Zsuza war Schmand Brunos einzige Bezugsperson, da Oskar ja meist ohnmächtig in der Diele lag. Oft begleitete Zsuzsa Bertha ins »Faule«. Russenmilch floss dann literweise. An diesen Tagen blieb Bruno nur noch Schmand. Der bayrische Großaktionär hatte in seinem »Dummen Salon« einen von innen beleuchtbaren Globus, mit dem er Gästen demonstrieren wollte, dass sie sich bei einem Mann von Welt befanden. In Ermangelung elektrischen Stroms sorgten Kerzen für das Licht in der Weltkugel. Kerzen, die der liberale Lebemann im Kölner Dom mitgehen ließ, was ihm mehrere Verweise durch den Kronkardinal eintrug. Schließlich bekam Schmand Hausverbot im Kölner Dom. Aber das war es ihm wert, denn das Kerzenlicht machte den Globus zu einem mystischen Gegenstand. Bruno verbrachte ganze Tage damit, stumm vor dem Globus zu sit-

Scherenschnitt der Zsuzsa Kwaczsynycskzcy, ca. 1915

zen, wenn er nicht gerade duschte. Die ganze Welt flackerte vor seinen Kinderaugen. Arabien und das Tessin. Der Po und der Himalaya. Mit den Fingerkuppen, die denen von Dietrich Hans Schmand immer mehr glichen, fuhr der Bub auf imaginären Straßen von Nord nach Süd und durchschwamm Meere von Ost nach West. Wie schon seine Mutter begann auch Bruno, von fernen Kontinenten zu träumen und sich für fremde Kulturen zu begeistern. Bei türkischem Mokka, den Schmand ihm humpenweise nach dem heißen Bad brühte, stellte der kleine Sauermann Weltfragen an den erfahrenen Nachbarn und Kosmopoliten: »Warum gibt es keine bunten Säugetiere? Wieso gibt es Frauen, die keinen Schleier tragen?«

Tatsächlich sagte Bruno: »Woasher giabts koa Saugebünt? Woasher giabts e Schleierswibb, die woas koa Schleier hit?« (Anm: Bruno sprach einen ganz eigenen Dialekt. Es konnte nie ganz geklärt werden, wie sich diese ungewöhliche Sprachfärbung entwickelt hatte. Nicht ausgeschlossen ist, dass sie eine Spätfolge der Herpes-Zoster Erkrankung seiner Mutter während der Schwangerschaft war.)

Mit Engelsgeduld und voller Zärtlichkeit erklärte Schmand dem vom Duschen verschrumpelten Bub die Welt. »Sachen gibts, dies

Das Leben des Bruno A. Sauermann

nicht gibt«, sagte Schmand gern und füllte den Stahlhumpen mit dem heißen Sud. Er mochte es, mit dem dampfenden Kind im Likörzimmer zu sitzen und es in die Geheimnisse des Lebens einzuweisen. Gerne stellte er dem Jungen Rätsel, so dass der Bub spielerisch lernen konnte:»Der Käse, Bruno, der Kas, dös woaß ma heit, ist älter ois wia die Menschheit. Welchen Gschmack, Bruno, hot der Kas ghabt bis in die Antike? Schmeckerte der Kas nach Blech, nach Holz oder nach Feuer? Woaßt du dös, Bruno?«

Bruno schaute seinen Lehrer fragend an und schüttelte den Kopf.»Blech?«

»Na, Bruno. Blech, dös wär a Gaudi, gell? Na, der Kas hat nach Feuer gschmeckt. In alten Flaviustexten spricht der Autor vom»Feuerkäs«, der im Mund so stark brannte, dass es die Zunge kerzengerade nach oben stellte.« Zufrieden strich sich Schmand über den Bauch. Bei der Beantwortung der Fragen verfiel der Bayer Schmand ins Hochdeutsche, wohl um das Gewicht des Gelernten zu unterstreichen.

»Bruno, noch eine Information, die dir von Nutzen sei soll. Die bekannten Löcher im Camembert haben im Käsehandwerk eigentlich a religiöse Bedeutung. Sie stöhn für die einzelnen Sokramente wie Ehe, Taufe und Krieg, gell? Man isst um das Loch herum, bis nur noch die Löcher übrig bleiben.«

Als Bruno sechs Jahre alt war, schenkte Schmand ihm einen Blauhaar, der aber sehr rasch von einem Fuhrwerk überrollt wurde und starb, noch bevor er einen Namen bekommen hatte. Hätte der Blauhaar länger gelebt, hätte ihn Bruno»Gorch Fock« getauft. Von seinen Eltern hatte er sich zum sechsten Geburtstag»Fellitaliener« gewünscht. Er nannte Stiefel sein Leben lang»Italiener« beziehungsweise»Italiänä«, wegen der geographischen Umrisse Italiens. Aber weder sein bewusstloser Vater noch seine angetrunkene Mutter waren in der Lage, ihm Stiefel oder auch nur irgendein Schuhwerk zu besorgen. So trug er statt der Stiefel ausgehöhlte Schweinsfüße, die Zsuzsa auf dem Bäuerinnenmarkt gegen eine Flasche Lebertran getauscht hatte.

Mit dem Erwerb der Lesefähigkeit bedachte Schmand ihn mit Büchern, die heute noch in der Sauermann-Bibliothek zu finden sind.

Hier einige Beispiele:

– *Simsalabim in Sansibar*, eine äußerst genaue, etwas langatmige Beschreibung der Magierszene der Insel im Indischen Ozean. Bruno hat mehrmals die Wörter »Tuch« und »Trick« unterstrichen. Man darf vermuten, dass »Tuch« und »Trick« für den jungen Sauermann die zentralen Begriffe von *Simsalabim in Sansibar* waren.

– Ein schmales Bändchen namens *Finnische Schächte* stellt einen gelungenen Überblick über den Bergbau im hohen Norden dar.

– Die *Kreta-Kröte* ist ein mutig illustriertes, aber überambitioniert konzipiertes naturkundliches Nachschlagewerk über hellenistische Amphibien, mit dem Schwerpunkt »Kreta-Kröte«.

– *Leberkrebs in der Textilsauna* ist ein unappetitlicher Herrenroman von Hugo Maria Zegen, der in Hanoi spielt und einen furchtbaren Nachmittag im Leben des Kinderbuchhändlers Habakuk Hildebrand schildert. Ein zwar interessanter, aber für Kinder völlig ungeeigneter Einblick ins Vietnam der Jahrhundertwende.

– Brunos Lieblingsbuch hieß *Der Kinderkoch – Kochen für Kinder.* Es enthielt kinderleichte Rezepte aus aller Welt und schöne Illustrationen von Balász Bimmel, der sich übrigens 1914 erschoss. (Vgl. *Budapests Zeichner-Lemminge. Hoher Blutzoll unter Ungarns Illustratoren*, Budapest, 1921, illustriert von András Kuck, gest. 1921. Er schoss sich mehrmals ins Gesicht.)

Zwischen S.18 und 19 findet sich im *Kinderkoch* ein grausames Lesezeichen. Ein Zeitungsartikel vom 13. November 1908 des *Kölschen Rheinboten.* Verfasser des Artikels ist ein gewisser Heinrich Himml. Die Überschrift lautet:

DER DIELENTOD DES SAHNEKÖNIGS

Nippes. In den frühen Morgenstunden des gestrigen Tages fand man die Leiche des gebürtigen Lübeckers Oskar Sauermann in der Diele des »Fürstenhofs«. Der gelernte Zuckerbäcker und Sahneaktionär starb laut gerichtsmedizinischer Untersuchung durch Medizinalrat Dr. Moritzl an »breitem Darmschleier«. Nach Angaben der Angehörigen litt der schwer depressive Wahlkölner schon längere Zeit an vertieftem Vordarm. Die Beisetzung findet nächsten Sonntag in Lübeck auf dem liberal-evangelischen Gerhard-Tersteegen-Friedhof statt, wo der liebe Verstorbene neben seinen Eltern die letzte Ruhe findet.

In der gleichen Zeitung findet sich zwei Tage später die Todesanzeige der Familie Sauermann:

E Lebbe fö de Obbers Slag
Gestobbe fui zfru om Dog

Unser lieber, liberaler Vater, Mann, Nachbar, Freund und Geschäftspartner ging für immer von uns. Er lebe hoch, hoch, hoch!

Bertha Sauermann-Schmand
Bruno Sauermann
Dietrich Hans Schmand
Zsuzsa Kwaczsynycskzcy
Hendrik van de Drekkmann (für die »Nederlands Molkering Gesellingsschaap«)

Keine 24 Stunden nach dem Tod ihres Mannes hatte Bertha Sauermann Dietrich Hans Schmand geehelicht. Sie zog mit Bruno und Zsuzsa nach nebenan in die Schmand-Villa. Den »Fürstenhof« verkaufte die betrunkene Bertha Sauermann für lächerliche 18.000 Mark an den Gastronomen Hermann Lümml, dem das »Faule« gehörte.

Lümml wollte aus dem »Fürstenhof« einen elitären Zigarrenclub namens »Fürstle« machen. Dazu kam es aber nicht mehr. Das Rheinhochwasser im Dezember 1908 forderte 526 Menschenleben. Unter den Ertrunkenen befand sich auch Hermann Lümml (1881–1908). Der »Fürstenhof« selbst wurde komplett unterspült und musste abgerissen werden. Bertha, Bruno und Zsuzsa haben großes Glück gehabt, rechtzeitig in die Schmand-Villa gezogen zu sein. Denn jetzt zahlte sich das dreieinhalb Meter hohe Gerüst aus, auf dem die Villa stand. Als einziges Gebäude Kölns blieb die Schmand-Villa völlig unbeschädigt. Die Pfahlbautenarchitektur schoss anschließend rasant in die Höhe.

Die Schmand-Villa (Skizze von
Dietrich Hans Schmand, 1901)

Schmand schlug daraus Kapital und wurde Großaktionär der »Rheinisch-Westfälischen Pfahlbauwerke«, kurz RWPW. Später sollte aus den RWPW die RWSW werden, die heute noch existiert, allerdings in sehr viel kleinerer Form. Von den ehemals 32.000 Beschäftigten arbeiten heute nur mehr drei RWSWler in einem 25 Quadratmeter kleinen Büro in der Innenstadt von Oberhausen.

Das Leben des Bruno A. Sauermann

Nach dem Hochwasser von 1908 vervierfachte sich Schmands Vermögen in kürzester Zeit. Nach wenigen Monaten des Glücks begann Bertha wieder zu trinken. Gemeinsam mit Zsuzsa zog sie um die Häuser von Nippes. Das »Faule« war der Flut zum Opfer gefallen, für eine Bierschwemme ein fast natürliches Ende. Ein neues Stammlokal war schnell gefunden. Nahe den Rheinwiesen befanden sich das Gestüt des Grafen Specht (Anm.: Graf Specht, eigentl. Wilhelm Graf Specht, 1871–1913. Specht war homosexuell, ein liberaler Freidenker und Verfasser der Denkschrift *mausgrau und lindengrün*, das Nachschlagewerk der Jahrhundertwende, wenn es um Farbschattierungen ging. Specht selbst war stets in Hellblau gewandt, auch Hut, Strumpf und Reiterstiefel, alles war hellblau. Sein Lieblingspferd hieß Blaukraut, der Sattel war himmelblau. Bei klarem blauem Himmel wurde Specht eins mit dem Horizont, wenn man selber im Gras lag und zu ihm hochblickte, sah man ihn nicht. Specht litt an »Haudraufhoden«, einer Fehlfunktion der Nebenhoden [vgl. auch »Sackgicht«]. Er blieb kinderlos, adoptierte aber sechs Pferdewelpen, die er wie Menschen anzog. Er starb 1913 während eines Abendessens, das er für die sechs Welpen gab, einen friedlichen Tod an Hodenschlag. Das Gestüt erbte sein Bruder Johann Gimpel, der Botaniker in Deutsch-Südwestafrika war. Doch der sollte sein Erbe niemals antreten.) und die angeschlossene Trinkhalle »Gaul«, eine üble Kaschemme, in der sich überwiegend Pferdestriegler herumtrieben. Russenmilch war hier billiger als Brot. Spezialität des Hauses war »Rumstut«. Ein viertel Liter Stutenmilch mit Rum aufgegossen auf einen halben Liter. (Anm.: Noch heute trinken rheinische Fährmänner diese gefährliche Mischung, die auch als »Stinkemilch« überliefert ist.)

Manchmal blieben Bertha und Zsuzsa tagelang bei den Rheinwiesen. Bruno hatte viel Zeit zum Duschen. Er fühlte sich vom heißen Wasser beschützt und bemuttert. Seltsamerweise gefiel Dietrich Hans Schmand die Haltlosigkeit seiner Frau über alle Maßen. Er vergötterte ihre Trunksucht und ihr nächtliches Herumstreunen. Auch ihre zahlreichen Affären mit grobschlächtigen Pferdestrieglern ver-

Der Sahneaktionär Dietrich Hans Schmand, 1909

mochten seine Liebe nicht zu mindern. Schmand war unkonventionell und großherzig. Streit gab es nur gelegentlich, wenn er sich darüber beklagte, dass Bertha zu wenig getrunken hätte, wenn sie nach tagelanger Abwesenheit mit zerzausten Haaren und Striegelspuren auf dem Rücken nach Hause gekrochen kam.

»Geh, Weibele. Do wär scho no wos gange!«

»Nee, Dietrich Hans, ick kann ja wull nie mie. Ick furz jo woll scho aus der Nosn!«

»Scho recht, Spatzl. Geh schlofn. Kinnst muargn weidersaufn. I muaß dem Bub an Kaffee mochn, er kimmt glei aus der Duschn.«

Rückblickend empfand Bruno die Beziehung seiner Mutter zu seinem Stiefvater als »unkonventionell und sehr modern«. (Vgl. »Briefwechsel Bruno Sauermann und Simon Haag«, in: *Nicht mein Kaffee – Korrespondenz der großen Röster*, hrsg. von Stefanie Schnehmann, Lawinenverlag, Hamburg, 1950, vergriffen.)

Das Leben des Bruno A. Sauermann

Zwischen Dummschule und Quallenmuseum

1909 wurde Bruno eingeschult, in der einzigen Schule, die die große Flut überstanden hatte. Die »Dummschul« in Nippes, Am Troog 9. Sein Lehrer war Dummschulmeister Johann Punzl, dessen Lebenserinnerungen im *Dummschul-Almanach Köln* erschienen sind, der 1912 vom Versagerverlag aufgelegt wurde.

DIE DUMMSCHUL AM TROOG 9
Aus den Lebenserinnerungen des Johann Punzl
Mein Vater war Ferdestriegler im Gestüt vom Grafen Specht. Mein Vater konnte nicht lehsen, nur schreiben. Ein herzensguter Striegler, der immer aus dem Fenster wunk, wenn er am Fenster stand. Meine Mutter war Maibaumkletterin. Sie kam aus Süddeutschland und sprach ein Dialekt, den niemand aus unserer Familie verstehen konnte. Meine Mutter blieb uns zeitlebens ein Retsäl. Sie hies Heidrun oder Heitrud oder Heidrut oder so ähnlich. Wilhelm Graf Specht ermöglichte mir eine mehrwöchige Ausbildung zum Dummschulehrer. Als dummschullehrer muß man kritzeln können und hauen und Gereusche mit dem Munt machen. Man muß Hose und Hemd tragen können und auf Klo gehen können ohne Hilfe. All das konnte ich und bekam jeden Montag 28 Mark Lohn. Die Dummschul am Troog in Köln Nippes muß man sich wie einen Ameisenhaufen vorstellen. 659 Schüler in einem Raum, der so groß war wie ein Häuschuppen. Es gab keine Tische und keine Stühle. Auch keine Tafel und keine Kreide. Es gab nichts zum kritzeln. Keine Griffel und keine Tinte und nichts zum draufkritzeln. Aber Gereusche mit dem Munt konnte man machen. In der Dummschul machte ich ein Gereusch mit dem Munt und die 659 Schüler versuchten nachzumachen. So habe ich meine Kinder aufs Leben forbereitet. Denn auch draußen, außerhalb der Dummschul, muss man Gereuscher mit dem Munt ma-

chen, wenn man dazugehören will. Das sind meine Lebenserinnerungen. Im Wesentlichen. Ich sterbe jetzt an bronchialem Schwerluft-Katharrh und bin fro am Lebensende endlich meine Erinnerungen fertiggekritzelt zu haben. Es had viehr Jahrzeente gedauet. Herzslicht. Leerer Punzl

Punzl beim Schreiben seiner Memoiren, ca. 1910

1911 wurde die Dummschule am Troog vom Hygiene- und Volksgesundheitsamt Köln-Nippes geschlossen und sofort abgebrannt, nachdem Ratten die Herrschaft über das Gelände übernommen hatten und 25 Gramm schwere Läuse gefangen wurden. Dazu fanden sich im Eingangsbereich ein Dutzend Bandwürmer mit bis zu drei Metern Länge. Auch Zecken, Wanzen und doppelköpfige Kakerlaken, Rüssel- und Pantoffeltierchen, Silberfische ohne Zahl. Ein »ohrenbetäubender Gestank« (vgl. *Beeidete Prüfberichte*, 1900 f., Amtsbuch der Stadt Köln) herrschte in der Dummschule. Die Dummschule am Troog, die das Rheinhochwasser von 1908 überlebt hatte, brannte innerhalb weniger Minuten vollständig ab. »Die Panzer der Kakerlaken knisterten fröhlich in den Flammen« (in: *Beeidete Prüf-*

berichte). Andere Schulgebäude gab es nicht. Noch immer waren die meisten Häuser infolge des großen Hochwassers unbenutzbar. Provisorisch wurde der »Unterricht« im Freien weitergeführt. Auf den Rheinwiesen in der Nähe des Anwesens derer von Specht wurden neben dem Kieswerk »Strontz-Stadelmann KG« die Kinder unterrichtet. Sechs Stunden lang mussten sie dort im Gras strammstehen, während der neue Lehrer Friez Stamml versuchte, schreiend den ohrenbetäubenden Lärm der Kiesfabrik zu übertönen. Friez Stamml hatte zwar keine Lehrerlizenz und konnte ohne fremde Hilfe weder schreiben noch rechnen, verfügte aber über ein Stimmvolumen, das bis heute seinesgleichen sucht. Stamml, ein gebürtiger Hamburger

Friez Stamml in der ersten Einschreierzeit, 1909

von riesenhafter Statur, hatte früher als Einschreier auf dem Dreimaster »Mary Pooh« gearbeitet, der auf der Nordsee vorwiegend Liebstöckel und Bohnen transportierte. Wenn auf See der Sturm tobte und man sein eigenes Wort nicht mehr verstand, kam Friez Stamml und brüllte gegen die Gischt und das tosende Element Anweisungen des Kapitäns an die Besatzung:»Leinen laa! Mast luk! Kiel dewann, hellboo! Ruder snau, Rempel hui, Rempel hi!«

Bei ruhiger See hatte Stamml nichts zu tun und lümmelte geistesabwesend in seiner Hängematte, doch sobald es auch nur leicht zu schaukeln begann, lief er an Deck und brüllte spuckend seine Befehle. Hielten sich die Matrosen nicht an seine Anweisungen, konnte Stamml, dessen Zähne das Grün reifer Wassermelonen hatten, auch ordinär werden:»Ick smack doin Punz, du Ritzermich! Kackschiet? Snabelfotz!!«

Im legendären Herbststurm 1910, dem fast dreißig Prozent der Nordseeflotte und die heute völlig vergessene Insel Lungerooge zum Opfer fielen, sank auch die»Mary Pooh« zwischen Sylt und Ameland. Stamml und der zweite Maat Ahmed Turkman überlebten als Einzige. Turkman verschied allerdings zwei Tage nach der Rettung an der Legionärskrankheit im Lazarett. (Vgl. *Jahresbericht Seemannshospiz St. Christophorus*, Station 1 / II / B, Fischerei- und Angelabteilung, Sturmerstversorgung, verfasst von Dr. in spect. Björn Laabkaus.)

Durch den Untergangsschock weigerte sich Friez Stamml noch einmal ein Schiff zu betreten. «Kackschiet und Snabelfotz! Dende Schiefs sin niet an Herz, ohn nächt ze zwange wies de ›Pooh‹!« Er versuchte sich als Einschreier in einer Kapelle der katholischen Freikirche, aber»Kackschiet«, er konnte dort nur an Sonntagen arbeiten und verdiente so nur einen»Schietfotz«, also viel zu wenig. Da gab es ja viel mehr Stürme auf See als katholische Gottesdienste in Hamburg. Auch dass er seine Notdurft, wie von der»Mary Pooh« gewohnt, einfach aus dem Fenster schüttete, stieß auf Missfallen in der gläubigen Gemeinde, ganz abgesehen von seiner ordinären Art, die Gläubigen in die Kapelle zum Gebet zu rufen.»Kackschiet, de Vaddergott. Et is woll Zitt, Kackschiet, je Drecksfotz in de Kerk ze Pfote falte!« (Vgl. Erhard Braun de Frauenpraun, *Hab nun oh Haupt noch Wonne – Die Freikirche in nördlicher Diaspora*, Kommunionsverlag, Münster, 1916.)

Das Leben des Bruno A. Sauermann

1911 stand Friez Stamml wieder in der langen Schlange der Er-
werbslosen. Bei einem Straßenfest auf der Alsterdorfer Straße traf er
an einem Akazienhonigstand die Freimaurerin Ildikó Turkman, die
Witwe von Ahmed.

Ildikó Turkman war eine hochinteressante Dame. Eine liberale Mus-
lima, die gerne Bier trank und auf dem Rummelplatz als Ringerin
auftrat. Die Witwe des Maats hatte zwar keine Kinder, aber als Haustier eine Qualle, die sie in ihrer Heimat am Schwarzen Meer gefunden hatte. »Ma, Friez ... schau, die Quoin, hot di a liabs gschau!« Wie
viele Frauen aus dem Donauraum und der ungarischen Steppe
sprach sie einen starken Meidlinger Dialekt. Beim »L« rollte sich die
Zunge weit nach hinten, fiel in den Rachen und berührte so die
Schilddrüse. In ihrer Handtasche (»de Doschn«) führte sie immer »a
greste Lewa und an Zwife«, eine geröstete Leber und eine Zwiebel,
mit, für den Fall, dass sie »an Gusto kriagt«.

»Kackschiet, min Deern. Diet smekkt ja man jut«, sagte Friez, der
mit Ildikó direkt aus der Tasche aß. Auf Essmanieren wurde kein
Wert gelegt. Auch ihm schmeckte die geröstete Leber ausgezeichnet.
Friez bestellte bei den Freimaurern einen Humpen Russenmilch
und für Ildikó ein Bier. Sie schlenderten über den Schlump bis zur
Alstertwiete beim Hauptbahnhof, wo sie wohnte. Damals eine ruhige Gegend. Täglich fuhren nur zwei Züge in den großen Bahnhof
ein. (Vgl. *Zu großer Bahnhof? – Streitschrift von Jan Deerksen, Unterrichtsmaterialien zur Hamburger Verkehrsgeschichte*, Verlag Nord,
Hamburg, 1913.)

Ildikó erzählte ihm von der Qualle. Sie hatte die Qualle »Qualtinger«
genannt, nach ihrem Nachbarn, dem k. und k. Huf- und Hofschmied
Ernst Wolfgang Qualtinger, dessen Enkel Helmut später im ausge-
henden zweiten Jahrtausend einige Kabaretterfolge feiern sollte.

»Ma, Friez. De Quoin is leiwand«, schwärmte Ildikó, den Kopf, wie
so oft, tief in die Tasche gebeugt. Sie erzählte von einem Vorfall im
Stiegenhaus, als der Vorsteherhund des Herrn Kurt Pischinger die
Qualle anfiel. Quallen und Hunde, klärte sie Friez auf, seien wie Katz

Ildikó Turkman – mit Handtasche, ca. 1911

und Maus, zwei völlig unterschiedliche Rassen, die nicht miteinander auskommen. Der Vorsteherhund packte die Qualle und schüttelte sie. Qualtinger wehrte sich nach Kräften, war aber in ihren Waffen eingeschränkt, besaß sie doch weder Krallen noch Zähne. Ein erbitterter, aber aussichtsloser Kampf begann. Ildikó warf sich dazwischen und rettete die Qualle im letzten Moment aus dem Maul der Bestie. Die Qualle war verletzt, aber sie lebte. Der Hund war tot. Ildikó hatte ihm das Genick gebrochen. »Kackschiet«, sagte Friez anerkennend. »Dat war ja man knapp!«

Ildikó trank noch drei bis vier Batz und verliebte sich in den ehemaligen Einschreier der »Mary Pooh«. Sie zogen in ihre ruhige Wohnung am Bahnhof in der Alsterwiete 12, aber schon bald verließen sie Hamburg. Ohne Perspektiven am Meer zogen beide ins aufstre-

Das Leben des Bruno A. Sauermann

bende Köln, wo sie versuchten, aus Qualtinger Kapital zu schlagen. Kölner kannten keine Quallen, war das Meer doch weit entfernt. Sie eröffneten ein Quallenmuseum in der Schandstraße 34 in Nippes. Qualtinger lag dort in einem Suppenteller, und wenn es Fragen gab, wurden sie von Ildikó gern beantwortet. Derweil saß sie mit Friez am Tisch und immer wieder steckten sie gemeinsam ihre Köpfe in die Handtasche, um sich an der gerösteten Leber zu laben. Fünfzig Groschen Eintritt kostete das Quallenmuseum. Sehr eindrucksvoll war das Museum nicht, war die Qualle doch durchsichtig und seit der Hundeattacke auch etwas derangiert.

Trotzdem besuchte Dietrich Hans Schmand mit Bruno an der Hand das neue Museum, denn viele Gelegenheiten zur Bildung gab es in Nippes nicht und Schmand hatte es sich zur Aufgabe gemacht, seinem Stiefsohn eine gute Ausbildung zu ermöglichen.

»Gfallts dir, Saupreiß?«, fragte Schmand den Knaben neckisch. Etwas ratlos stand Bruno vor dem Suppenteller mit der gallertartigen Masse.

»Ei joh. S geht scho, s is scho fad a, oba s geht scho.«

»Gehts wiarklich?«, fragte Schmand nach.

»Ei joh. S is scho fad a, oba s geht scho«, bestätigte Bruno und sah sich in dem Museum um, in dem nichts stand außer dem Tisch mit dem Suppenteller. Dazu zwei Stühle, auf denen Ildikó und Friez kauend saßen.

Trotzdem insistierte Schmand: »Bist dir sicher, dass s geht?«

»Joh, joh. S geht scho.«

»Aber fad is scho?«

»Joh, fad is a.«

Schmand, der mit Kindern wenig Erfahrung hatte, wollte bei Bruno alles richtig machen. Nicht nur, um Brunos Mutter zu gefallen, sondern auch, weil etwas an Bruno ihn an etwas erinnerte, an das er sich nicht mehr erinnern konnte, aber er fühlte, das es gut war. Bruno schaute derweil befremdet das seltsame Museumsdirektorenpaar an. Er wusste nicht, wonach sie immer wieder in der Tasche suchten, aber es war grau und roch sehr intensiv nach Zwiebeln. Ildikó glaubte, an den Blicken des Jungen zu erkennen, dass

Debilenmilch

auch »sein Gusto aufisteigt«. Sie nahm seinen Kopf in beide Hände, so wie sie es beim Ringen am Rummelplatz machte und wie sie es beim Vorsteherhund gemacht hatte, und drückte ihn kräftig in die Tasche. Bruno wurde blass. Er keuchte und ihm wurde schwindelig. Der Gestank in der Tasche war jenseits des Vorstellbaren. »Wois a bisserl fad is bei uns, kriagt der Bua wos Guats. Steck eini n Schädel!«, sagte Ildikó lachend.

»Hams e Wasser o?«, fragte Bruno schüchtern, als er aus der Tasche wieder auftauchte. Alles drehte sich. Wieso trug diese Frau keinen Schleier? Und wieso trank sie Ulrichs Batzbier? Er kannte den Batz von den Ulrichs, die neben der Schmand-Villa wohnten. Er spielte mit der Tochter. Ihr Großvater war Brauereibesitzer, aber von der Familie verstoßen. Trotzdem stand immer ein Kasten der süffigen Bierspezialität aus dem Hause Ulrich bereit.

»Wolltste mal de Quäl strikkeln, min Jong?«, fragte Friez freundlich und hielt Bruno den Suppenteller mit der Qualle hin. Warum redete dieser Mann so unglaublich laut? Höflich begann er das Tier zu streicheln. Erneut wurde ihm schlecht. Er schwitzte.

»Dit jefallt di woll? Et konn i verstan«, zeigte sich Friez zufrieden. Und Dietrich Hans Schmand erkannte in Friez den talentierten Pädagogen. Friez und er kamen ins Gespräch und als der Hamburger von seiner Einschreierzeit erzählte und Kostproben seines Stimmvolumens gab, dass die Wände zitterten und die Qualle gar nicht mehr aufhören wollte zu wackeln, da wuchs in Schmand eine Idee heran.

Schon wenige Tage später stand Friez auf der Wiese am Rhein. Vor ihm fast siebenhundert Kinder.

»Moin, moin«, brüllte er, dass der ohrenbetäubende Lärm des Kieswerks wie ein sanftes Meeresrauschen klang, und »Moin, Moin«, kam es aus fast siebenhundert Kinderkehlen zurück.

Freude und Plage der Bierbrauer Pipsi und Gulli

Während der kleine Bruno in der Dummschule auf ein wechselvolles Leben vorbereitet werden sollte, zeichneten sich nur wenige Kilometer entfernt entscheidende Umbrüche in einem Unternehmen ab, das für das Schicksal Brunos prägend werden sollte.
Die Brauerei des liberalen Schwenkbierbrauers Heiner Ipsbach nannte sich zunächst »Ipsbach und Söhne«, bis er nach einem Schlaganfall im Karussell (in einer sich drehenden Teetasse, damals noch händisch) die Firma zur Hälfte an Gregor Ulrich und Söhne und Töchter verkaufen und in »Ipsbach und Söhne und Ulrich und Söhne

Käsezettel aus dem Nachlass von Heiner Ipsbach

und Töchter« umbenennen musste, weil er in der Teetasse auch sein Sprachzentrum verlor und die Firma unmöglich alleine weiterführen konnte. Heiner Ipsbach gab nur mehr »Kein Kommentar« von sich. Auf Fragen antwortete er nicht, sondern winkte ab. In seinem vernachlässigenswerten Nachlass fanden sich Hunderte Käsezettel, auf denen in krakeliger Schrift stand: »Es geht ums Prinzip!«

Der traditionelle Werbespruch der Brauerei lautete: »Gutes Bier für eure Löhne – Ipsbach und Söhne«. Der Reim ging durch die Fusion mit Ulrich verloren. Nun las man holprig: »Gutes Bier für eure Löhne – Ipsbach und Söhne und Ulrich und Söhne und Töchter.« Trotzdem machte die Brauerei erstaunliche Umsätze. Nicht nur das alte Schwenkbier (eine schlesische Fangbiermischung, sehr süffig!), sondern auch die neuen Kreationen fanden reißenden Absatz: die Schwenk- und Schwafelbier-Mischung, im Volksmund »ein Schwefe« (eine mährische Dunkelbiermaische, sehr süffig!), und ein Schwenkpils, ein heller, polnischer Bierbatzen, der bereits erwähnte »Batz« oder auch »Betz«, sehr süffig. (Vgl. »Betzenberg« und »Buds«.)

Brauereiwagen mit einem Fass »Batz«, 1912

Der Brauerei angeschlossen war ein gemütliches Steh- und Sitzgasthaus, das über 3.000 durstigen Gästen Platz bot. Es hieß »D nasse Mütz«. Zwei Kellner und eine Ausschankhilfe mit Down-Syndrom (Billi) bemühten sich nach Kräften, die 3.000 Gäste so rasch als möglich zu bedienen. Die durchschnittliche Wartezeit auf ein Batz betrug angeblich etwas unter neun Stunden. Um den schlimmsten Durst zu löschen, standen überall auf dem Boden große Eimer mit Russenmilch und sehr süffigem Säbelwasser.

Das Leben des Bruno A. Sauermann

»D nasse Mütz«, 1910

Oberhalb der »Nassen Mütz« befand sich im Dachhaus das Kontor der Brauerei. Hier wohnte und arbeitete Gregor »Gulli« Ulrich gemeinsam mit Heiners Sohn Peter »Pipsi« Ipsbach auf engstem Raum. Lediglich zweieinhalb Quadratmeter Büro plus eineinhalb Quadratmeter Schlafstube, die sogenannte »Stubb«. Durch die große räumliche Nähe und das »liebe Gschau« von Peter Ipsbach wurde Gregor Ulrich altersschwul, lebte aber seine Leidenschaft zeitlebens nicht aus – wie sich beide nie etwas gönnten. Zwanzig-Stunden-Tag, Buchhaltung für Brauerei und Gasthaus und ständige Produkterweitcrung ließen wenig Freizeit zu. Nur das alte Kartenspiel von Heiner Ipsbach bereitete den beiden Liberalen ein bisschen Muße. Ein klassisches 52er Westfalenblatt-Kartenspiel. 2 bis 10, Bube, Dame, König, Ass. Auf jeder einzelnen Karte stand in schwarzer Tinte Heiner Ipsbachs Vermächtnis: «Es geht ums Prinzip.« Mit den Jahren entwickelten Pipsi und Gulli eine eigene Kartensprache. Die 2 hieß »Doppelbubb«, die 3 »Bösebubb«, die 4 »Gaulbubb«, die 5 »Miesbubb«, die 6 »Schlimmbubb«, die 7 hieß nur »sieben«, die 8 »Doppelgaulbubb«, die 9 »Frischbubb«, die 10 »Doppelmiesbubb«, der Bube »Bubb«, die Dame »Weiberbubb«, der König »Herrbubb« und das Ass

»Assbubb«. Sie spielten nicht, sondern legten die Karten, um die Zukunft vorauszusehen. Ergaben die Karten kein eindeutiges Ergebnis, suchten sie professionelle Hilfe. Bei sehr schwierigen Fällen konsultierten die beiden Brauer die Kölner Kartenkoryphäe Traude Kipperkarten fernmündlich.

TRAUDE: Hallo, Traude Kipperkarten. Was kann ich tun?

PIPSI: Peter Ipsbach spricht, ich bin Bierbrauer. Die Karten habe ich jetzt vor mir liegen. Ein ganz normales Westfalenblatt. Frischbubb, Doppelgaulbubb, alles da. Ich habe eine Frage, die Firma betreffend. Eine Frage, die ich mir stelle, weil ich keine Antwort weiß. Und der Gulli, mein Kompagnon, auch nicht. Die Frage ist: Sollen wir das Mairatz machen oder nicht? Mairatz ist eine starke Bockbirne, sehr süffig. Ich leg jetzt meine Karten. Ich ziehe, den Gaulbubb.

TRAUDE: Sie müssten alle Karten weggeben unter der 7.

PIPSI: Mach ich. Jetzt hab ich nur noch Gaulbubb, Schlimmbubb, Weiberbubb, Miesbubb, Doppelbubb, Bösebubb und die 7. Also Doppelmiesbubb, alles weg.

TRAUDE: Jetzt mischen Sie noch mal.

PIPSI: Weiberbubb. Herz Weiberbubb.

TRAUDE: Das ist äußerst positiv. Der Weiberbubb gehört zu den positivsten Karten im Spiel. Die Frage ist, ob Sie das machen sollen oder nicht? Also, wenn Sie die Frage so stellen, dann ja.

PIPSI: Also Mairatz – ja.

TRAUDE: Warten Sie mal. Jetzt leg ich mal meine Karten. Also bei mir ist die Sense da.

PIPSI: Die Sense?

TRAUDE: Es sind Gespräche notwendig. Sie müssen mit jemandem was ausmachen.

PIPSI: Moment, das kann ich sofort machen. Mit meinem Partner. Gulli!

GULLI: Ja?

PIPSI: Kommst du mal her? Ich geb Ihnen mal meinen Partner. Für mich heißt das: ja. Mairatz – ja.

TRAUDE: Ich habe jetzt gerade noch eine positive dazugezogen.

Das Leben des Bruno A. Sauermann

GULLI: Hallo? Da ist der Gulli Ulrich.

TRAUDE: Hier spricht Frau Traude. Traude Kipperkarten. Ich bin Kartenlegerin und dein Freund hat mich angerufen und ich ziehe jetzt gerade die Karten, ob ihr den Maibock machen sollt oder nicht. Meine Karten sind positiv dafür.

GULLI: Alle? Weil der Pipsi hat den Weiberbubb.

TRAUDE: Ja, der Weiberbock ist eine ganz positive Karte.

GULLI: Weiberbubb, nicht Bock! Warte mal, ich ziehe auch eine. Jetzt hab ich den Doppelmiesbubb gezogen. Kreuz.

TRAUDE: Macht ihr das denn irgendwo anders, als wo ihr seid?

GULLI: Häh?

TRAUDE: Macht ihr das an dem Ort, an dem ihr euch befindet?

GULLI: Ja, freilich!

TRAUDE: Also, genau dort. Das heißt, dass ihr damit auch woanders hingehen könntet.

GULLI: Ich weiß nicht, was du meinst. Wir sitzen hier im Büro und legen die Karten wegen dem Mairatz, und dafür brauchen wir Hilfe. Er zieht den Weiberbubb und ich den Doppelmiesbubb, da denke ich mir halt, das hat doch gar keinen Sinn! Das Mairatz ist eine starke Bockbirne, da blästs dann vielleicht den harten Trinkern das Hirn raus, wenn wirs rausbringen.

TRAUDE: Nein, nein, nein. Ich habe gezogen, dass ihrs gemeinsam macht. Die Sense und noch dazu das Herz, also die 24. Das heißt, dass es sehr erfolgreich wird.

GULLI: Und wenn ich jetzt den Doppelgaulbubb zieh mit dem Frischbubb, was machen wir dann? Moment, ich ziehe.

TRAUDE: Ja, zieh einmal.

GULLI: Da, jetzt haben wir die Scheiße! Es ist der Doppelgaulbubb! Karo.

PIPSI: Gulli, ich habe einen Assbubb gezogen. Pik Assbubb.

TRAUDE: Das ist der Weg der Entscheidung. Wartet einmal. Und da? Die Veränderung. Es wird sich ein bisschen was verändern in eurem Leben und dann fällt die Sonne drauf. Ich würde das auf jeden Fall machen.

GULLI: Gut, dann machen wir den Mairatz! Aber ich frag dich noch was anderes. Wir haben eine Schankhilfe mit Down-Syndrom. Die Billi. Frage: Rauswerfen oder weiterbeschäftigen? Ich zieh mal eine Karte.

TRAUDE: Ich zieh auch.

GULLI: Ich hab den Bösebubb gezogen.

TRAUDE: Ich würde noch eine Zeit lang warten.

GULLI: Wie lang denn noch? Sie schleppt ja nicht einmal einen einzigen großen Batz!

TRAUDE: Warte.

GULLI: Wie lang denn noch, bis wir ihr den Spitz geben?

TRAUDE: Ihr wollt sie einfach nicht mehr haben, stimmts?

GULLI: Menschlich schon, aber es geht halt einfach nicht mehr.

TRAUDE: Ich verstehe, wegen den Kunden. Ich würd trotzdem noch ein bisschen abwarten.

GULLI: Zieh du mal, Pipsi!

PIPSI: Schon wieder ein Assbubb.

TRAUDE: Ihr wollt sie weiterhaben, weil sie krank ist.

PIPSI: Sie ist nicht krank. Sie hat ein Down-Syndrom, ist aber quietschfidel.

TRAUDE: Ich weiß. So eine Art Krankheit. Das heißt, dass sie eigentlich nicht in den Betrieb passt.

PIPSI: Na ja, wir haben noch zwei Kellner mit Down-Syndrom. Wir haben insgesamt drei Leute.

TRAUDE: Mmh. Aber sie passt nicht richtig dazu.

GULLI: Nein, sie hat ja ein anderes Down-Syndrom als die anderen.

TRAUDE: Trotzdem. Im Moment ist nicht die richtige Zeit.

GULLI: Gut. Letzte Frage. Ich habe schwere Depressionen seit 15 Jahren. Das hat mit meiner Sexualität zu tun.

PIPSI: Du musst ihr sagen, dass du homosexuell bist!

GULLI: Ja. Im Alter.

TRAUDE: Das ist egal.

GULLI: Nein, das ist nicht egal.

TRAUDE: Nein, das heißt, das spielt für mich als Kartenlegerin keine Rolle.

GULLI: Ja, für dich spielts keine Rolle, für mich schon, weil ich habe

Das Leben des Bruno A. Sauermann

Töchter. Ich hatte eine Familie und bin jetzt leider von der Familie verstoßen und auch der Pipsi will mich nicht so, wie ichs mir vorstelle.

PIPSI: Das ist doch jetzt egal. Frag sie doch mal, ob wir Stühle aufstellen sollen!

GULLI: Und weil ich doch oft so traurig bin, wollte ich ...

PIPSI: Jetzt frag sie doch wegen den Stühlen!

GULLI: ... ob ich aus der Depression rauskomme?

PIPSI: Gib mir noch mal den Hörer!

TRAUDE: Also, ich beantworte jetzt mal die Frage wegen der Depression, die er mir gestellt hat.

PIPSI: Die ist mir egal. Für mich ist eine andere Frage wichtig.

TRAUDE: Ja, aber ...

PIPSI: Für mich ist das egal. Das muss er mit sich ausmachen. Depression, das ist was Modernes. Wir haben hier ein Lokal zu führen. Da passen 3.000 Leute rein. Wir haben die Konzession für ein Steh- und Sitzlokal. Aber wir haben bis jetzt eben nur was zum Stehen. Die Leute, die müde werden, setzen sich auf den Boden. So passen mehr rein, ist natürlich unbequemer. Sollen wir Stühle aufstellen?

TRAUDE: Ja.

GULLI: Welche Karte sagt dir das?

TRAUDE: Das sagt mir das Haus. Das Haus sagt, ihr sollt mehr Gemütlichkeit schaffen.

GULLI: Es ist nicht ungemütlich!

TRAUDE: Ich wollte nicht sagen, dass es ungemütlich ist. Ihr sollt nur noch mehr Gemütlichkeit und Stabilität schaffen.

GULLI: Dann kriegen wir aber die 3.000 nicht mehr rein.

PIPSI: Man kriegt ja schon stehend die 3.000 fast nicht rein. Das ist ja ein Wahnsinn! Sollen wir nicht erst mal nur zwei oder drei Stühle aufstellen oder gleich richtig viele?

GULLI: Ich habe einen Bubb gezogen. Kreuzbubb.

TRAUDE: Das heißt nein. Kreuzbubb heißt nein. Ich lege Karten nach H. J. Bahnhof. Kreuzbubb heißt ganz eindeutig: Nein!

GULLI: Also keine Stühle. Vielen Dank. Auf Wiederhören.

TRAUDE: Auf Wiederhören.

Debilenmilch

Die wichtigen Mairatz- und Bestuhlungsentscheidungen konnten nicht mehr in die Tat umgesetzt werden, denn wenige Tage nach dem Telefonat begann eine furchtbare Katastrophe die Bierbrauer und die ganze Stadt in Atem zu halten.

»Dä Plagg«, wie man sagte, ging aus von den feuchten Rheinwiesen (»dä Feuschteling«), die ideale Brutbedingungen für Wächterlibellen (lat.: *libella securitate*) boten. Ihr Bestand erreichte im April 1912 ungeahnte, noch nie da gewesene Dimensionen. Der Himmel wurde nach Zeugenaussagen »libellenschwarz«, so dicht, dass drei Wochen kein Tageslicht in die rheinische Metropole durchdrang. Auch wenn Dichtung und Wahrheit eng beisammenliegen, ist es doch unbestritten, dass Milliarden und Abermilliarden Wächterlibellen in die Bierstuben einfielen und in die Weinhöfe, »dä Höf«, um sich dort vollzusaugen mit Magerwein und Spätbier, das traditionell im April gebraut wird aus Weihnachtsmalz und Oberhopfen, oder auch »Osterhopfen« oder »Hasenhopf«. Das Spätbier galt als sehr süffig, ähnlich wie der Magerwein, den man aus den ersten Trauben und Blüten der Schmachrebe keltert. Magerwein reicht man traditionell den Sterbenden, damit sie sich den Weg ins Jenseits schöntrinken können.

Die aggressiven und nach dem Winterschlaf durstigen Libellenschwärme stachen mit den pfeilartigen, messerscharfen Spitzen ihrer Saugrüssel unzählige kleine Löcher in die Fässer und leerten sämtliche Bestände. Dann stürzten sie sich auf die Russenmilch, den Himbeergeist, besser bekannt als »Blindentran«, den Bohnensherry und den ebenfalls sehr süffigen Spiegeleierlikör, den sogenannten »Leichenschluck«. In den Tagen der völligen Libellendunkelheit tranken sie alles gierig aus. Seit der »Plagg« bezeichnet man ein ausgetrunkenes Glas oder einen geleerten Humpen als »libbellig«. Man »libbellt« eine Flasche Bier bis auf den Grund. In einem Zug selbstverständlich, wie es die Tradition am Mittelrhein vorschreibt – »dä Saufpflicht«, wie der Kölner sagt. Das mehrmalige Ansetzen eines Glases gilt im gesamten Rheinland als unschicklich und zeugt von einem verdorbenen Charakter. (Vgl. Heinrich Hockl, *Die Trinkparade. Hochprozentiges Benehmen*, Edition S Trompetchen, Mettmann, 1927.) Nur ein Getränk verschmähten die Libellenhorden: Kaffee mit Milch oder Sahne, »Debilenmilch«, wie Bruno A. Sauermann schon als Kind eine Kaffee-Milch-Mischung nannte. Denn nur sehr dumme Menschen zerstören das wunderbare Kaffeearoma mit den Ausscheidungen eines Kuheuters. Als Bruno im *Kölner Stadtanzeiger* von den Debilenmilch verschmähenden Libellen las, schloss er sie ins Herz und beteiligte sich nicht weiter an der großen Hysterie, die auch in der Schmand-Villa um sich griff. Zsuzsa, die in allem göttlichen Zorn fürchtete, notierte damals auf einem Einkaufszettel: »Pz. Bog, neun an. nw umsc wypkc!« Ein offensichtlicher Kommentar zur Libellenplage vom 23. April 1912, der aber bis heute nicht endgültig entschlüsselt werden konnte. Vermutlich handelt es sich um ein unüblich abgekürztes Gebet an die Schwarze Madonna von Częstochowa (Tschenstochau): »Grüß Gott, neun Engelsweiber können backen.« (Oder eben nicht backen, hier gehen die Expertisen auseinander. Vgl. Bartlomiej Arkadiusz Meky, *Zsuzsa – krz. Wyrzyl. Slkg*, Diplomandenseminar, Kaderverlag [Uniwersytet Gdański], Danzig, 1973.)

Hans Böckler, 2. Sekretär des Nippeser Oberbürgermeisters Nieswand und zuständig für die Getränke der Region gemäß der königlich-preußischen Getränkeordnung, war sehr besorgt. Die Trinkparade am ersten Sonntag im Mai war bedroht. Amtsveterinär Willumeit war »mit seinem Latein am Ende«, wie er es in seiner Korrespondenz mit Böckler ausdrückte. Berlin war weit weg und wenig interessiert an dem Problem eines nicht stattfindenden Trinkgelages, was die Parade ja letztlich war, auch Böckler musste das zugeben. Aber immerhin eines gemäß der »Saufpflicht«. Er ging in die Schandstraße zu Traude Kipperkarten, deren Praxis unweit des Quallenmuseums hinter der Mülltonnenmanufaktur von »Brunzelmanns Onkel« war. Traude Kipperkarten war ohne Hoffnung für Nippes.

Die Trinkparade würde ausfallen, die Libellenplage noch bis September dauern, da könne man nichts machen. »Aber, liebe, verehrte Frau Kipperkarten, woher wissen Sie das?«

Er, Böckler, habe sie auf diesen Weg geführt, sie sehe alles vor sich, habe Holz vorm dritten Auge, das seien die Fässer, sehe lange

Dunkelheit und leere Gläser. Böckler nahm einen »Leichenschluck« aus dem schmalen Flachmann, der Likör tat ihm gut, aber schon schwirrten Libellen um den 2. Sekretär herum und stießen mit ihren scharfen Saugrüsseln gegen seine »Schluckpull«.

Traude Kipperkarten sollte Recht behalten. Die Libellen plagten die Stadt bis Ende September, als schließlich ein Großteil der Libellen an Alkoholvergiftung starb. Die überlebenden Libellen erstachen sich im Zuge einer postalkoholischen Depression selbst.

Der Aufstand der Pferdestriegler

Im August 1912 machte sich das Trio Bertha Sauermann-Schmand, Dietrich Hans Schmand und der mittlerweile 10-jährige Bruno auf eine einwöchige Reise nach Wien, in die Stadt,»die wos niemois schlafa goat«, wie Schmand es ausdrückte. Er hatte Wien mit dem späteren New York verwechselt. Sie stiegen im »Hotel Kummer« ab, in der Mariahilferstraße 71a. Das Hotel, das ausschließlich Zimmer mit schwarzer Bettwäsche anbot, hieß »Kummer« wegen eines tragischen Familienunglücks innerhalb der Hoteliersfamilie. Die Großmutter des Hoteldirektors hatte sich mit einem Dynamitgürtel im Frühstücksraum in die Luft gesprengt und 24 Touristen aus Dresden und vier tschechische Dreher mit in den Tod gerissen. Teile der Großmutter, nämlich Hals und Kinn, flogen bis ins benachbarte »Café Ritter«, die vier tschechischen Dreher fand man zerfetzt vierhundert Meter entfernt in der Neubaugasse. (Vgl. *Wiener Zeitung* vom 2. März 1909, Chronikteil, verfasst von M. Kriehuber-Czeschek.)

Bruno fühlte sich in der Wiener Woche unwohl, das Hotel war ihm unheimlich. An der Wand seines Zimmers hing ein dunkles Ölbild, das die gemütskranke Großmutter zeigte. Noch nie hatte Bruno einen derart verzweifelten Gesichtsausdruck gesehen. Das Gemälde war drei mal neun Meter groß und nahm die ganze Wand ein, auf die er beim Aufwachen blickte. Öffnete er die Augen, überfiel ihn Angst. Die morbide, depressive Wiener Art schockierte den an rheinische Fröhlichkeit gewöhnten Jungen.

Das Trinkgeld fiel den abwesend wirkenden Kellnern aus den leichenblassen Händen. Fragte man den Liftboy nach dessen Befinden, antwortete er:»Gschissen, der Herr«, und der anämische Rezeptionist wiederholte ständig und ungefragt den Satz »Des is ollas so gschissn«. Fragte man den Maître de Cuisine, ob er irgendetwas empfehlen könne, erwiderte der schwer atmend und offensichtlich angetrunken:»Sicher ned.« Für Bruno war diese Woche furchtbar. Seine Mutter trank sich mit dem verschwitzten Maître durch sämtliche Kaschemmen des 6. Bezirks (»Trinkstube Warze«,»Zum Hinnigen«,»Beim Toten« usw.), während sich sein Stiefvater Schmand täg-

Der Kaffeephilosoph Werner Voelcker, 1913

lich zu mehrstündigen Sitzungen mit Werner Voelcker von »Voelcker-Kaffee« traf. Die beiden Kaffeephilosophen und Connaisseure überlegten gemeinsame Maßnahmen gegen die epidemieartige Ausbreitung der Debilenmilch, die unter dem Namen »Melange« auch in Österreich und vor allem in Wien ein Verkaufsschlager war. 1912 wurden in Wien täglich 36.000 Tassen Debilenmilch verkauft. Für Freunde des reinen Mokkas, die sich selbst »Die Mokkassins« nannten, ein schrecklicher Umstand. Schmand war der Überzeugung, dass Milch im Kaffee dumm und teilnahmslos macht. Voelcker hingegen ging, gestützt auf eine frühe Arbeit von Sigmund Freud, davon aus, dass Milchkaffee das »Es« zerstört und das »Über-Ich« zum »Unter-Ich« degradiert, alles bedingt durch die Eiweiße und Fette der Milch. Tatsächlich litt Voelcker unter Laktose-Unverträglichkeit, die sich in krampfartigen »Klopfhoden« und schmerzhaftem Achselsausen äußerte. Dazu gesellte sich eine Deformation des Halswirbels, die dazu führte, dass er zwar nicken, nicht aber den Kopf schütteln konnte. Für einen Wiener eine qualvolle Behinderung, gilt Zustimmung doch als Perversion und nur die Negation als Ausdruck geistiger

Das Leben des Bruno A. Sauermann

Größe. Gemeinsam steigerten sich Schmand und Voelcker in ihren Hass auf gemilchten Kaffee hinein. Voller Abscheu verfasste Dietrich Hans Schmand eine Polemik, die er über Voelckers gute Kontakte in der *Fackel* unterbrachte, der Zeitung des legendären »Dr. Krause«, wie Schmand den Herausgeber fälschlicherweise nannte. Karl Kraus hatte seinen Anspruch an die Zeitschrift bereits beim erstmaligen Erscheinen der *Fackel* 1899 formuliert: »Das politische Programm dieser Zeitung scheint somit dürftig; kein tönendes ›Was wir bringen‹, aber ein ehrliches ›Was wir umbringen‹ hat sie sich als Leitwort gewählt.« Diese Schärfe gefiel Schmand und Kraus, selber Freund des »kleinen Schwarzen«, und er veröffentlichte den Essay »Hänget die Debilenmilch«. Die Empörung in der Wiener Kaffeehausgesellschaft hielt sich in Grenzen, was an der Auflage der *Fackel* lag. Lediglich 14 Exemplare dieser Ausgabe wurden wegen Schwierigkeiten der Druckerei ausgeliefert. Die Buchstaben »B«, »R«, »K« und »T« fehlten in der Setzerei, zu allem Überfluss auch noch das kleine »s«:

HÄNGE DIE DE ILENMILCH
von Dietrich Han Schmand

Mir chwanet Übele. Wien, Mekka de Mokka, Stadt, die niemal ruhet(!), nicht zuletzt aufgrund der berau chenden Wirkung der affeebohne, dazu wird im affeehau abak getrunken und ein ipf gereicht. Ich bin nur ein bajuwari cher Pfahlbautenaktionär, im heini chen zu Wohl tand gekommen, doch mein e pekt für Wien fällt wie der ur für faule Ob t, wenn ich ehe, welche Höllen uppe in die Ta en die er Stadt gefüllet wird. Ein ind trinkt Milch, ein kranke alb. I t ein Mann reinen Gei te, trinkt er eine au der Bohne. Vermicht er e mit Euteralem, droht Apathie und Freitodlu t, wie ie in der vielbe ungenen Donau tadt o häufig anzutreffen i t. Hänget die Debilenmilch an den höch ten aum im Prater. Denn das i t affee mit Sahne oder Milch: Debilenmilch! Wie der Engländer e treffend agt: »What not pure i poor.«
Herzlich t, Dietrich Han Schmand

(Anm.: Hier zum besseren Verständnis der Originalartikel, der sich im Schmand'schen Nachlass befindet: Hänget die Debilenmilch. Von Dietrich Hans Schmand. – Mir schwant Übeles. Wien, Mekka des Mokkas, Stadt, die niemals ruhet(!), nicht zuletzt aufgrund der berauschenden Wirkung der Kaffeebohne, dazu wird im Kaffeehaus Tabak getrunken und ein Kipf gereicht. Ich bin nur ein bajuwarischer Pfahlbautenaktionär, im Rheinischen zu Wohlstand gekommen, doch mein Respekt für Wien fällt wie der Kurs für faules Obst, wenn ich sehe, welche Höllensuppe in die Tassen dieser Stadt gefüllet wird. Ein Kind trinkt Milch, ein krankes Kalb. Ist ein Mann reinen Geistes, trinkt er Reines aus der Bohne. Vermischt er es mit Euteralem, droht Apathie und Freitodlust, wie sie in der vielbesungenen Donaustadt so häufig anzutreffen ist. Hänget die Debilenmilch an den höchsten Baum im Prater. Denn das ist Kaffee mit Sahne oder Milch: Debilenmilch! Wie der Engländer es treffend sagt:»What's not pure is poor.« Herzlichst, Dietrich Hans Schmand.)

Als die *Fackel* erschien und Schmand sie im »Kummer« in den Händen hielt, war er außer sich. Er fühlte sich wie die Großmutter, bevor sie den Gürtel anlegte. Gedemütigt und leer. Der leichenblasse Kellner schlich an den Frühstückstisch heran und sagte:»A Melange oder an Tschapukino?« Sofort stand Dietrich Hans Schmand auf und begann zu packen. Bruno war froh, aus dieser düsteren Stadt herauszukommen. Auf gepackten Koffern sitzend mussten sie aber noch zwei Tage auf Bertha warten, die mit dem Maître noch Russenmilch um Russenmilch trank, in die Geheimnisse des Schilcherweines eingeführt wurde und den Uhudla lieben lernte. Völlig zerzaust kam sie ins Hotel, halb schwankend, halb kriechend. Am gleichen Abend nahmen sie den Zug von Wien nach Köln.

In Abwesenheit Brunos waren derweil in Köln große – insbesondere soziale – Umwälzungen vonstattengegangen. Die vom christlichen Bürgertum und der Arbeiterklasse geprägte Stadt nahm mit verwunderter Neugier das Wiedererstarken eines alten Adelsgeschlechts zur Kenntnis.

»Dat is ja mal n lecker Mädschen, die kleene Spechtige«, staunte Billi, die Kellnerin der »Nassen Mütz«, während sie auf der Straße vor dem Lokal Bierfässer wuchtete und übereinanderstapelte, als die Kutsche (»dä Kütsch«) mit dem Wappen derer von Specht (ein gelber Specht auf einem gelben Naturschwamm) vorbeidonnerte, dass die Humpen auf den Tischen der »Nassen Mütz« zitterten.

Das Specht'sche Wappen aus dem Familiennachlass derer von Specht, gefunden 1945 von dem Rotarmisten Dimitri Styfelknecht unter einem toten Pferd in Ostpreußen

Auf dem Kutschbock (»dä Kütschböck« oder »dä Kübö« oder auch »dä Käbä«) saß die 14-jährige Alleinerbin des Gestüts, Bommi Gräfin von Specht. Ein ausnehmend hübsches Mädchen mit unzähligen kleinen Zöpfen (vgl. N'dogo Rigobert Kwambaa-Musambe, *Hairgott – Göttermythologie und Frisurenkult in Schwarzafrika*, Rothaut-Verlag, Leipzig, 1973, S. 9–10) und einer süßen, kleinen Tassennase, einem echten Specht'schen »Stupshenkel«, wie jeder sofort sah. Sie hatte knorrige, spitze Beine, die scheinbar den Boden nicht berührten, und leicht vom Körper wegstehende Scheucharme. Das alles verlieh ihr etwas Schwebendes, Elfenhaftes. Ihre Stimme war ausgesprochen leise. Wollte man sie verstehen, musste man ihr das eigene Ohr in den Mund schieben, was sich nur die wenigsten trauten, war sie doch die neue Herrin im Schloss und Gestüt Specht. Bis jetzt hatte Bommi in Afrika gelebt, als Tochter des liberalen Botanikers Johann »Hanni« Gimpel von Specht, der zusammen mit seiner Frau Mechthild »Manni« Gräfin von Specht, geborene Setzdich, von einem Schimpansen erschlagen wurde. Trotzdem hatte Bommi nur schöne Erinnerungen an Afrika. Vor allem an die Frauen mit den Untertassen in den Unterlippen. Bei gemeinsamen Teezeremonien legte Bommi spaßeshalber ihre Tassennase auf die Untertassenunterlippe ihres afrikanischen Kindermädchens. Sie spielten »Porzellan«. Natürlich nackt. Bommi hatte in den ersten 14 Jahren ihres Lebens im heißen Afrika niemals Kleidung an, wie die Afrikaner ja bis heute alle immer nackt sind, aufgrund der schlechten Infrastruktur. (Vgl. *Nackedei und Sklaverei – Komplete Kulturgeschichte Afrikas* von Sir Cecil Rhodes, 12 S., Hertfordshire, 1897. Ein rassistisches und dummes Machwerk, strotzend vor Rechtschreibfehlern, das aber um die Jahrhundertwende in keinem Buchschrank fehlte.)

Die Kellnerin Billi wusste nichts über Rhodes und die generelle Nacktheit der Afrikaner. Sie trug schwere Arbeitsstiefel, einen Kellnerkittel und bleischwere Unterröcke aus Blechwolle, einem Abfallprodukt der Stahlindustrie. Alle waren angezogen, auch die Liberalsten. Billi war bass erstaunt, dass dieses junge Mädchen nackt auf dem Kutschbock saß. Ganz Nippes war in Aufruhr und hatte seinen handfesten Skandal. Oberbürgermeister Nieswand wandte sich untertänigst an die junge Gräfin mit der Bitte, sich zu bekleiden, wie es in Köln nun einmal Sitte sei. Bommi schien nicht sehr gewillt. Nieswand und sein 2. Sekretär Böckler starrten derweil hochroten Kopfes auf den Schlossboden. Schließlich willigte die splitternackte Adelige ein, sich kompromissbereit zu zeigen. Sie erklärte sich bereit, fortan, zumindest außer Haus, einen gelben Bademantel mit Spechtmotiven zu tragen, der aber ständig offen stehen sollte. Diese unkonventionelle, leise, junge Dame war nun also die neue Herrin über 60.000

Das Leben des Bruno A. Sauermann

Rösser im Gestüt Specht. Die Spechts belieferten in ganz Europa Brauereien mit Bierpferden, die die schweren Bierwägen ziehen mussten. Das Gestüt an den Rheinwiesen reichte von Nippes bis nach Bonn. Trotzdem standen die Rösser eng an eng. Mehr als 2.500 Pferdestriegler kümmerten sich Tag und Nacht im Stressakkord um »de Jäule«, die Gäule also. Während im Münsterland und in Holstein edle Renn- und Reitpferde gezüchtet wurden, waren die Specht'schen Pferde reine Nutz- und Trageviecher ohne Rassenklasse. Stumpfe Zugmaschinen ohne Liebreiz mit verfaulten, bestialisch stinkenden Zähnen und verkoteten Schweifen, weil die braven Pferdestriegler mit der Arbeit nicht nachkamen und nicht nachkommen konnten, versanken sie selbst doch knietief im Pferdekot. Ein apokalyptisch wieherndes Szenario. Immer wieder erstickten Pferdestriegler im Pferdekot, im dichten Insektengewirr oder im Haferstaub oder sie wurden ganz einfach von den massigen Gäulen totgetreten. Ein Besuch auf dem alten Pferdestriegler-Friedhof in Köln am Achsen-kreuz, wo Dutzende Gräber von anonymen Pferdestrieglern zu be-sichtigen sind, ist noch immer ergreifend. Auf allen Grabsteinen er-kennt man einen verwitterten Specht und einem Schwamm. Dar-unter der Familienspruch derer von Specht »Equus nihil moribus cantat«, der fälschlicherweise mit »Das Pferd singt dem Toten nichts« übersetzt wurde.

Bommi war entsetzt über die Zustände im Gestüt. Ihr Onkel, der kunstsinnige Altgraf, hatte die Zügel viel zu locker gelassen, fand sie, als sie im offenen Bademantel das Gestüt abschritt, wo aus jeder Box Todesschreie kamen und bestialischer Gestank strömte. Eine Ant-wort auf die Frage, wie man die Zustände für Mensch und Tier er-träglicher gestalten könnte, hatte sie aber nicht. Sie war 14 und al-leinverantwortlich, also entschied sie, dass erst einmal alles genauso weiterlaufen solle wie bisher. So lange, bis ihr etwas Besseres ein-fiele. Eine weise Entscheidung, wie sie glaubte, die aber bereits in den nächsten zwei Monaten fast zwanzig Pferdestriegler das Leben kosten sollte und so schlussendlich zum großen Pferdestriegler-Auf-stand im Juli 1914 führte. Die Pferdestriegler hatten sich unter Füh-rung der beiden Altstriegler Spoen und Spieber zur Partei »Die radikale Mitte« vereinigt. Spoen hatte eine anarchistische Partei gewollt, der vorsichtigere Spieber eine gemäßigte, so einigte man sich auf den Namen »Die radikale Mitte«, im Volksmund nannte man die Mitglieder »Gaulmittler«. »Hört die Hufe!« war ihr Schlachtruf und ihr Ziel die Einführung der Republik und das Ende der Adelsherrschaft (Spoen) oder wenigstens ein Belüftungssystem für die Pferdeboxen (Spieber). Der gleichzeitig beginnende Weltkrieg rückte angesichts der Unruhen auf den Rheinwiesen in den Hintergrund.

Am Tag der Schüsse in Sarajewo auf den österreichischen Thronfolger Franz Ferdinand unterrichtete Friez Stamml in der Dummschule Kriechen, ein von ihm entwickeltes Schulfach, das zumindest die Grundbegriffe der Fortbewegung auf allen vieren vermitteln sollte. Die meisten Schüler würden später als Stollenarbeiter oder Pferdestriegler arbeiten, für beide Berufe war Kriechen eine wichtige Voraussetzung, so Stammls Überlegung. Friez erklärte lautstark die Koordination der vorderen Extremitäten (»de Handsfut en de Binsfut«) beim Kriechvorgang, während ohrenbetäubender Krach von den Kiesmaschinen kam. Zu diesem Getöse gesellte sich zusätzlicher Lärm. Hans Böckler lief aufgeregt herum und schrie: »Kriech, et jibt Kriech, die ham den Dingens doetjeschossen, jetz jibbet Kriech!« »Hört die Hufe!«, skandierten 2.500 gedemütigte Pferdestriegler, denen Schüsse in Bosnien herzlich egal waren, während Bommi Gräfin Specht im offenen Bademantel mit leiser, beinahe unhörbarer Stimme versuchte, ihre Arbeiter zu beruhigen. Bruno lag währenddessen im nassen Gras und sah im Gegenlicht Bommi. Von vorn, also nackt. Zum ersten Mal sah er ein nacktes Mädchen. Natürlich hatte er schon sein Kindermädchen Zsuzsa nackt gesehen, aber der wuchs ein siamesischer Zwilling aus dem Bauch. Bommi war das erste nackte Mädchen, dem nichts aus dem Bauch wuchs. So wurde der Ausbruch des Ersten Weltkriegs für ihn zum schönsten Tag seines Lebens.

Friez, wütend über die Störung des Unterrichts, schrie derweil die Pferdestriegler an: »Kackschiet und Snabelfotz, nu is man goet, de Pierdman sin al besloppt im Kopp. Wech, wech, wech, un let de kackschiet de lütte Gräfin woll in Ruh, kackschiet und Hundsfot!« Das schrie Friez so laut, dass den Pferdestrieglern angst und bang wurde

Das Leben des Bruno A. Sauermann   51

und sie sich mit ihren Anführern Spoen und Spieber geduckt und jaulend in ihre Strieglerboxen zurückzogen. So wurde der Aufstand niedergeschlagen, der als »Hört-die-Hufe-Aufstand« heute nur noch in wenigen Geschichtsbüchern zu finden ist. Bommi bedankte sich bei Friez. Bruno, noch immer im Gras liegend, kitzelte der herunterhängende Bademantelgürtel in der Nase (»dä Näs« oder »et Näske«). Er musste niesen und so sah sie ihn das erste Mal. Unter sich im Gras. Sie lächelte ihn an und bewegte die Lippen. Scheinbar sprach sie zu ihm, aber Bruno konnte nichts verstehen. Er stand auf und steckte ihr vorsichtig sein Ohr in den Mund. Und so hörte er sie sagen. »Bist du nicht der Schmand-Bub?«

»Nein. Ich bin Bruno. Bruno A. Sauermann.« Das sagte er, ohne sein Ohr aus ihrem Mund zu nehmen.

Der Weltkrieg hatte wie alle Kriege gute und schlechte Seiten. Am 6. August erfolgte der Aufruf Wilhelms II. »An das deutsche Volk«, und deutsche Truppen, Ulanen der 2. und 4. Kavalleriedivision, begannen den Überfall auf Belgien, wo es bereits am selben Tag im Dorf Battice zu gewaltsamen Übergriffen auf die Zivilbevölkerung kam. Die aufrührerischen Pferdestriegler wurden mit Kriegsbeginn komplett an die Front verfrachtet, wo sie während der Gefechte im 3. Rheinischen Striegler-Kavallerieregiment die Kriegsgäule striegeln mussten. Das den Ulanen zugeteilte Regiment wurde vom unerfahrenen und suizidgefährdeten Hauptmann Holger von Vorn, der die braven Kölner Striegler und sich selbst als schnelles Kanonenfutter zur Verfügung stellte, geführt. »War fast food«, wie die Briten sagten. Neun Tage nach Ausbruch des Krieges waren bereits 2.495 Striegler tot. Nur fünf lebten noch: Spoen, Spieber, Schroeck, Staud und Staan. Am zehnten Tag des Krieges fielen mehrere Zentnerbomben auf die Ställe des 3. Rheinischen Striegler-Kavallerieregiments, aus denen sich nur noch Spoen und Spieber schwerverletzt befreien konnten. (Vgl. Jack Katsopopoulopoulos, *Braver Spieber – Guter Spoen. Bewegende Landsererinnerungen zweier Märtyrer der Kriegsstriegelei*, Luftschacht-Verlag, Bonn, 1972.)

Mit den Strieglern wurden auch die Specht'schen Pferde zwangsverpflichtet, gingen aber beim Transport auf mysteriöse Weise verloren. 60.000 Pferde verschwanden spurlos aus einem 29 Kilometer langen Zug auf dem Weg nach Belgien. Das Verschwinden von 60.000 Pferden aus verplombten Eisenbahnwaggons ist bis heute eines der größten Rätsel der Menschheitsgeschichte. Unzählige Theorien ranken sich um dieses Rätsel. Die plausibelste ist wohl die von Reinfried Herbstwinter, der in seinem Buch *Equus magicus – Morphologie auf vier Hufen* (Kain Nabel Verlag, Osnabrück, 1987) nachzuweisen versucht, dass die Pferde sich in Panik alle gegenseitig aufgefressen und anschließend selbst verdaut haben. Auch heute geht man davon aus, dass sich bis zu siebzig Prozent aller weltweit vermissten Tiere und Menschen selbst verdaut haben und deshalb unauffindbar sind. Katholische Kreise hingegen, allen voran der Salzburger Wehrbischof Goran, glauben zu wissen, dass die Pferde in den viel zu heißen Waggons erstickt sind und Gott sie »einfach zu sich rauf in den Himmel geholt hat. Ich wüsste nicht, wo hier genau das Rätsel sein soll. Das ist katholischer Alltag«, wird Wehrbischof Goran in *Die Furche* zitiert (Ausgabe vom 12. Mai 2006). Gläubige sprechen von der »Himmelfahrt der Hengste« und wirklich fromme Christen feiern jährlich am 31. April den »Totenpferdesonntag«. Traditionell wird an diesem Tag nur Heu oder Hafer gereicht und getrunken wird gemeinsam aus einem großen Wassertrog, wobei man nur mit der Zunge das Wasser in den Mund schlürfen darf.

Das Gestüt derer von Specht glich einem Geisterdorf. Alle Ställe waren leer, von nirgendwo kam Gewieher oder ein Schmerzensschrei. Das Gestüt war ausgestorben, wortwörtlich, nie hat dieser Begriff besser gepasst, obwohl Bommi noch da war. Insofern hatte der Begriff vielleicht doch schon mal besser gepasst. Aber ganz Nippes war verändert. »Leer gekriegt«, wenn man so will. Die meisten Männer waren eingerückt, bereits gefallen oder schon dabei zu stolpern. Aber auch viele Frauen aus Nippes hatten sich entschieden, dem Vaterland zu dienen. Bertha hatte betrunken die Frauenkompanie »Gefallene Mädchen« gegründet. Sie träumte noch immer von fernen Ländern und sah im Weltkrieg die Möglichkeit, ihren Traum zu verwirklichen. Außerdem wollte sie »de Feind ordentlichst wat furn

Latz un in de Snauze haun«. Mit Säbeln und vollen Bierflaschen bewaffnet zogen 2.000 betrunkene Frauen am 26. Oktober 1914 fröhlich und siegessicher mit bunten Blumen im Haar singend in einen Krieg, den sie verhängnisvoll unterschätzten. (Vgl. Archibald Boom, *Die dicke Bertha – Women in War*, Old Publishers, Londonderry, 1950, S. 1349–1432.) Nur eine Dame überlebte das Kriegsabenteuer, Ildikó Turkman. Nachdem Friez zur Kriegsmarine eingezogen wurde, wo er als Einschreier mehrere Orden bekam, schloss sie traurig das Quallenmuseum und sich selbst Bertha an. Die Qualle nahm sie als Kopfbedeckung mit, eine Art durchsichtiger Helm, der ihr das Leben retten sollte. Mehrere Granatsplitter blieben in der Qualle stecken und verfehlten so ihr Ziel, nämlich Ildikó zu töten. 180 Stunden waren die Kölner Soldatinnen ununterbrochen beschossen und bombardiert worden. Vom Feind und von den eigenen Leuten. In dem Waldstück in Lothringen, wo die Damenkompanie aufgerieben wurde, fiel damals so viel Blei in den Boden, dass noch heute kein Grashalm wachsen will. Alle Frauen starben einen furchtbaren Tod, wie Ildikó Turkman in ihrem berührenden Brief an Bruno schilderte:

Servas Bruno. A Waunsinn, sog i dir. Mir tuats laad um dei Muater. Die is hi, wie nur ane hi sein koa. Glaub ned, dass die Muater friedlich gstuarm is. Im Kriag konnst ned friedlich sterm. Das ist ein Paradoxon in sich, vastehst?
Oba is eh wuascht, weu die Muater woa so ongsoffn, dass eh nix mitkriagt hot woascheinlich.
Die Gschissenen hom gschossn, des konnst da net vurstön, Bruno. Oaschlecha, deppate. De unsrigen san die Gedärm ausseghängt, des woa grauslig.
Na jo. Hauptsach, i leb no. Du, Bruno, in meiner Wohnung liagt no a oide Hondtoschn. Do is a greste Lewa mit an Zwife drin. Konnst es gern ausseschleckn. Jetzt, wost a Vollwaise bist.
Oiso, Servas, Deine Ildikó

Lehr- und Liebesjahre an »dä Humpwäsch«

Bruno wurde vom Militärkommando der Heeresgruppe Kronprinz Rupprecht mitgeteilt, dass seiner Mutter in einem Massengrab die letzte Ruhe zuteil geworden war, da, so drückte es der zuständige Mitarbeiter des Heeresbestattungsamtes Adolf Hitler aus (hier handelt es sich um eine zufällige Namensgleichheit; dieser Adolf Hitler kam aus dem Bergischen Land, war ein homosexueller Freimaurer und musste 1937 vor seinem furchtbaren Namensvetter nach Konstantinopel fliehen, wo er von Antifaschisten erschossen wurde, die ihn mit dem anderen Adolf Hitler verwechselten; zu allem Unglück nämlich sah Adolf Hitler dem Diktator auch noch sehr ähnlich, er trug den gleichen Bart und den gleichen Scheitel; die Schlagzeile in der *Konstantinopel Post* vom 23. Juni 1939 »Hitler totgeschossen!« stimmte also, war aber falsch), »die einzelnen Körperteile der Gefallenen laut Körperbeschaffenheitsartikel 4 der Knochen- und Gewebeverordnung des Deutschen Reiches nicht entanonymisiert werden konnten, so dass eine unversehrte oder auch nur numerisch und substantiell vollständige nach ... äh ... sind.« Hier bricht der Brief ab. Adolf Hitler hatte sich im Beamtendeutsch verheddert.

Das Grab von Bertha Sauermann-Schmand ist heute unauffindbar. Wahrscheinlich befindet es sich unter dem Gelände in Ypern, auf dem sich heute das Autokino »Toni« befindet. (Siehe www.cinemadesvoitures-toni.be.)

Bruno war zu verliebt in Bommi, um lange zu trauern. Außerdem war seine Mutter in den letzten Jahren fast durchgehend »op de Suff« gewesen, also auf Sauftour, zusammen mit Zsuzsa und wechselnden Pferdestrieglern. Wie kann man jemanden vermissen, den man ohnehin nie sah? Nur Zsuzsa trauerte um ihre Trinkgefährtin und natürlich Dietrich Hans Schmand. Zsuzsa kleidete sich und ihren siamesischen Zwilling fortan ganz in Schwarz.

Schmand wählte für sich als Trauerfarbe Giftgrün, was ihm kurzzeitig den Spitznamen »dä Fröschkönisch« einbrachte. Schmand musste nach dem Tod seiner Frau seinem Leben neuen Sinn geben.

Das Leben des Bruno A. Sauermann

Bertha Sauermann-Schmand im nüchternen Zustand, 1912

»Sunst kripieri, zum Deifi nomoi!«, klagte er seinen Nachbarn, den Ulrichs. Udo Ulrich, Sohn des Bierbrauers Georg »Gulli« Ulrich, lebte mit seiner Frau Ursula »Urschel« Ulrich und seiner Tochter Ulrike »Uli« Ulrich neben der Schmand-Villa in einem imposanten Holzhaus, das einem überdimensionalen Bierfass nachempfunden war. Das Haus war ein Geschenk des alten Ulrich, bevor die Familie sich zerstritt. Udo Ulrich war in der Brauerei »Ipsbach und Söhne und Ulrich und Söhne und Töchter« für den Import der Gerstenkörner zuständig und für die Entwürfe der brauereieigenen Humpen. Neunzig Zentimeter hohe Messingkübel mit Motiven des Papsttums. Der Papst selbst im Profil, der Petrusstab oder Papststängel, die Papstpumpen und die Vatikanische Wendel. Darunter stand: »Saufen, kotzen, weitersaufen!« – die heilige Dreifaltigkeit des Trinkens.

Bertha Sauermann-Schmand im normalen Zustand, 1912

»Gott und Grog, des gheret zsamma«, sagte Schmand, als er mit Udo Ulrich in dessen Garten saß. Sie spielten Scharch, ein dem Schach verwandtes Spiel für Kinder, bei dem es nur eine Figur gibt.

»Und dä Jung? Wat is mit däm? Wie verkraftet der dat allet?«, fragte Udo Ulrich und schob den einen Bauern von C4 auf C5.

»Dem Bruno is vui fad. Er is scho traurig, oba fad is eam a. Wenn er net des Spechtdirndl hätt! Sunst warat eam no fader. Hot er no oan Grog oder gar oan Batz für mi?«

Udo füllte die Humpen und beobachtete seine Tochter Uli, die mit einem Fernglas in Brunos Zimmer guckte, wo sie sah, wie Brunos Ohr in Bommis Mund verschwand. Tränen rollten ihr herunter. Uli, gleich alt wie Bruno, hatte immer schon ein Auge auf den kleinen Bengel geworfen, wenn er sich morgens im Nachbargarten mit

Das Leben des Bruno A. Sauermann 57

Schmand zusammen nackt in den Brennnesseln vergnügte, was angeblich prophylaktisch gegen Rheuma und die sogenannte »Mallorca-Akne« half.

»Där Uli is auch furschtbar langweilisch, seit die Dummschul jeschlossen is. Sare ma, Dietrisch, hättest du nit Lust? Dat wär doch wat für disch. Lehrer Schmand, du bist doch so hell hier oben im Oberstübschen?«

»Moanst fei wiakli?«

»Sischer dat. Du has doch nix zu tun, Dietrisch. Die Specht, die Uli und dä Bruno, drei Schüler in dä Schmand-Schul.«

Und so eröffnete Dietrich Hans Schmand im Januar 1915 die »Schmand-Schule, Privatschule des öffentlichen Rechts« im »Dummen Salon« seiner Villa. Er kaufte am 12. Januar 1915 für 27 Mark drei Schulpulte aus den Beständen der aufgelassenen »Trauerweiberschule«, einer Schule für alleinstehende Frauen über vierzig (vgl. Marianne Methusalem, *Dä Heulwibbs – Alte Jungfrauen zwischen Rhein und Weser*, Verlagsgruppe Rotkehlchen, Wesel, 1940) und für dreißig Mark eine Tafel und zwei Stück Kreide von der pazifistischen Vereinigung »Verhindert den Ersten Weltkrieg«, die sich mit Ausbruch des Krieges aufgelöst hatte. Fast alle Mitglieder meldeten sich freiwillig an die Front, wo sie schnell fielen. Seinen Mahagoni-Spazierstock benutzte er als Zeigestab. Er stellte den Globus neben die Tafel und um Punkt 8 Uhr früh begann der Blauhaar zu kläffen, als Signal für den Unterrichtsbeginn. Nach den Jahren in der Dummschule, wo man in großer Enge stehen musste, während Tiere an einem nagten, und später auf den Rheinwiesen, wo man den Witterungsverhältnissen schutzlos ausgeliefert war, bedeutete die behagliche Schmand-Schule einen großen Fortschritt und Bruno genoss den kurzen Schulweg. Die beiden Mädchen saßen aus Schicklichkeitsgründen nebeneinander, auf der anderen Seite des Ganges saß Bruno alleine an seinem Pult.

»Ich würd gern was von Schmetterlingen lernen«, sagte Uli aufgeregt am ersten Schultag.

»Na, Uli, dös san grausliche Viacher«, antwortete Schmand und führte auf Hochdeutsch seine Abneigung gegen Schmetterlinge aus.

58   *Debilenmilch*

»Das sind fei widerliche Tiere. Hinterhältig, aggressiv, blutrünstig. Na, die kimmen mir fei nicht in den Unterricht nei. Schmetterlinge san Schweine!«

Die Kinder blickten sich verwundert an.

»Reden wir lieber über Oktupusse, die spielen im kulturellen Leben eine eher untergeordnete Rolle. Das liegt zum einen an dem wenig ansprechenden Äußeren, sie könnten aber zum Beispiel auch nicht auf einer Bühne atmen, weil sie ja Kiemen oder so etwas Ähnliches haben, gell? Außerdem würden sie mit ihren Saugnäpfen überall kleben bleiben. Schauts.«

Und tatsächlich zog er einen Tintenfisch aus einer Damenhandtasche. Ildikó hatte ihre alten Hamburger Kontakte genutzt und ihm das Tier besorgt. Uli begann zu kreischen, denn so etwas hatte sie noch nie gesehen. Ob Bommi auch schrie, konnte man nicht sagen, da sie auch beim Schreien sehr leise war. Bruno, der Ildikós Qualle schon kannte, blieb ruhig und verhielt sich wie ein Mann von Welt.

»Es gibt keinen Oktopus-Roman und keine Tintenfisch-Operette. Tintenfische werden als Haus- oder Wachtiere nicht eingesetzt. Wachtiere. Was sind Wachtiere? Bommi?«

Bommi flüsterte etwas. Schmand trat näher an sie heran, vermochte aber nichts zu hören.

»Du muscht ihr das Ohr in de Mund stecken, sonst kannscht nix verstehn, Onkel Dietrich Hans.«

»Ja, Sakkra, wos redstn gor so leis, Madl?«

Und dann wieder hochdeutsch: «Es gibt im Tierreich nur zwei Gattungen. Wach- oder Schlaftiere. Die dritte Gattung sind die toten Tiere. Hier könnte man dann noch unterscheiden, ob es sich bei den toten Tieren um ein ehemaliges Wachtier oder ein ehemaliges Schlaftier handelt, das jetzt tot ist. Bäume, die ja weder zu den Wachtieren noch zu den Schlaftieren gehören, klassifiziert man wie folgt. Es gibt zwei Gattungen mit jeweils einer Unterfamilie. Die Gattungen sind Saupappel und Ebereibe. Saupappel und Ebereibe unterscheiden sich stark durch ihr Alter. Bei Saupappel und Ebereibe gibt es die Untergruppen Nadel- und Nudelhölzer. In den Gipfeln mancher Nudelhölzer findet man tote Schlaftiere.«

Das Leben des Bruno A. Sauermann

Bruno, Bommi und Uli mussten geschwind mitschreiben, Lehrer Schmand machte wenig Pausen und sprach in einem Höllentempo. Dafür dauerte der Unterricht auch nur zwei Stunden. Anschließend machte er den Kindern einen starken Kaffee. Dann aßen sie von Zsuzsa gebackenen Kuchen und durften den Blauhaar streicheln, Bommi wurde erlaubt, mit Bruno in sein Zimmer zu gehen. Uli blieb traurig vor Brunos Tür am Boden sitzen und hörte, wie drinnen geturtelt und geschmust wurde.

Alle vier Wochen gab es in der Schmand-Schule eine Prüfung, bei der auch ein königlich-preußischer Schulinspektor anwesend war, meistens der bei einem Senfgasangriff verunstaltete Ass. Rudolf Bimsstein, 1881–1919, dessen Gesicht die Farbe einer überreifen, aufgeplatzten Aprikose hatte.

Bimsstein setzte sich stumm neben den Globus und machte sich Notizen. Dietrich Hans Schmand sprach noch hochdeutscher als sonst, wenn Bimsstein kam.

»Das Thema der heutigen Prüfung: alles, was wir in den letzten Tagen über die Kartoffel gelernt haben. Die europäische Kartoffel wächst in der Erde, anders als ihr australischer Verwandter, der Wüstenerdapfel. Wo gedeiht der australische Wüstenerdapfel am besten? Bruno?«

»Im Gaumen einer Kegelameise?«

»Ja, geht denn das überhaupt? Die Ameise ist doch sehr klein.«

»Ja, aber der australische Wüstenerdapfel wiegt weniger als 0,002 Milligramm.«

Schmand zwinkerte seinem Stiefsohn anerkennend zu und Bimsstein notierte ein Plus. »Gut, Bruno, a Pfundsbursch bist, Sakkra, dös fongt ja guat on.« Dann stockte er und fiel zurück ins Hochdeutsche.

»Gräfin Bommi, Kartoffeln werden in unseren Breitengraden entweder gekocht oder gebraten oder kommen als Püree auf den Teller. Im Schlük-Tal in der Mongolei gibt es eine für uns ungewöhnliche Art der Kartoffelzubereitung. Was macht die Schlük-Mongolin mit der Kartoffel?«

Gespannt starrten Schmand, Bimsstein, Bruno und Uli die Gräfin

Rudolf Bimsstein noch vor dem Senfgasangriff, 1907

an. Sie sahen, wie sich ihre Lippen bewegten, allein, man hörte nichts. Bimsstein wollte sich bereits ein Minus notieren, als Bruno aufstand und sein Ohr in ihren Mund legte.

»Es gibt zwei verschiedene Arten der Zubereitung«, schrie er, so dass Bimsstein aufhörte zu schreiben. »Sie weiß es, aber sie spricht sehr leise. Entweder klopetert man sie. Unter ›Klopetern‹ versteht man das vollkommene Verbrennen der Kartoffel. Zu Fettfleisch oder Lamm reicht man in der Schlük-Schlucht lediglich die Asche als Beilage!« Wieder verschwand sein Ohr in ihrem Mund. Er nickte und wieder sprudelte es aus ihm heraus. »Die zweite Zubereitungsart nennt man ›Dübeln‹. Man dübelt die Kartoffel, das heißt, die Kartoffel wird rücklings in den Darm eines Büffels gesteckt, der dann verspeist wird. Bis zu fünfhundert Kartoffeln werden in einen ausgewachsenen

Das Leben des Bruno A. Sauermann 61

Büffel gedübelt!« (Vgl. *Jurte, Jak und Büffeldübeln – Vier Jahre in der vorderasiatischen Steppe*. Erinnerungen der Sekretärinnen Klara Domest und Sieglinde Habdich, die von 1920 bis 1926 als Stenotypistinnen in Ulan-Bator bei dem staatlichen Tierpräparator Gurragchaa Jugderdemid arbeiteten. Also sechs Jahre. Bis heute ungeklärt ist die falsche Zeitangabe im Untertitel. Dromedar, Stuttgart, 1927.)

»A gscheits Dirndl is die Gräfin, vui gscheit is sie, ois is richtig. Bravo!« Schmand klatschte in die Hände, aber Bimsstein schien nicht zufrieden zu sein.

»Die junge Dame hat nichts gesagt. Derr junge Herr hats gesagt, das kann ich nicht gelten lassen. Derr junge Herr ist doppelt herrvorrzuheben, die junge Dame ist noch ohne Errgebnis!«

»Dann stell ich ihr noch eine Frage, Herr Assessor Bimsstein, wenns recht ist, Sakkra. Und die wird sie ins Heft neischreim, gell?«

»Selbstverrständlich«, antwortete spitz der Schulinspektor. »Gräfin Bommi, ins Kritzelheft neischreim, gell? Die Antwort. Alsdann. Eine der berühmtesten Kartoffeln heißt Sieglinde, gell? Nach welcher historischen Persönlichkeit ist sie benannt? A: nach Sieglinde von Steissen, der Hofmarschallin am Hof von Kurfürst Rüdiger Abramczik, die 1775 Kartoffelkäfern zum Opfer fiel? Oder B: nach Sieglinde Schweiner aus Passau, die 1907 bayrische Kartoffelkönigin wurde? Oder C: nach Schwester Sieglinde, Sanitätsschwester bei Ypern, die in Ermangelung von Zäpfchen Kranke anal mit Kartoffeln behandelt und außerordentlich gute Ergebnisse erzielt? A, B oder C, Gräfin?«

Gespannte Stille herrschte im »Dummen Salon«. Nur Bommis Kritzeln war zu hören. Schließlich hielt sie ihr Ergebnis in die Höhe. In schwungvoller Schrift stand dort: »C, denn auch Zäpfchen bestehen zu siebzig Prozent aus Kartoffelstärke!«

»Bravo, bravo«, riefen begeistert Schmand und Bruno, während Uli sich nicht wirklich zu freuen schien, sondern nur artig mitklatschte. Die letzte Frage ging an sie.

»Uli«, begann Schmand. »Wie schwer war die schwerste jemals geerntete Kartoffel? Sie wurde 1889 auf Helgoland von Hermann Löns geerntet. Na?«

»46.723 Kilogramm«, schoss es aus Uli heraus.

Es grämte sie, dass nur Bimsstein in die Hände klatschte. »Brraves Mädel, prrima.«

Und wieder hatten die Schüler der Schmand-Schule eine Prüfung mit Bravour gemeistert.

Oft machten sie Ausflüge in die nähere Umgebung und erkundeten die Natur. Auf den Rheinwiesen, im Stadtwald (»dä Städtwäld« oder auch »dä Wold« oder auch einfach »Wöld« oder »Wöldsche«) oder auch im Bergischen Land, manchmal begleitet vom »Faltenhund«, einer mit Schmand befreundeten liberalen Försterin, die am Friedhof von Nippes lebte, in einem kleinen Einraumschuppen, den sie sich mit ihren Bekannten Bocki und Backi teilte. Der »Faltenhund« hieß mit bürgerlichem Namen Hedwig Büffelburger. Sie war Amerikanerin und 1911 aus Cleveland, Ohio, nach Köln ausgewandert. (Vgl. Jim-John Schoenrock, »Go East – Mass Immigration to Germany from the U. S.«, in: *New Jersey Chronicle*, 3. Dezember 1924.)

Hedwig Büffelburger schlief manchmal mit Bocki, dem Friedhofsgärtner, war aber eigentlich die Geliebte des Drehers Backi aus Bremen, der in der Mülltonnenmanufaktur »Brunzelmanns Onkel« arbeitete, allerdings unbezahlt. Brunzelmann hatte ihm vor zwei Jahren versprochen, dass er nach der Probezeit »janz jut un jar nit schläscht« verdienen würde. Die Probezeit aber nahm einfach kein Ende, was Backi unzufrieden und gereizt machte. Er trank viel und kaute schweigend an seinem Fettfleisch. Dann schlief er stundenlang und schlug in wilden Träumen um sich. Er knirschte so laut mit den Zähnen, dass die Friedhofsverwaltung von Trauernden Beschwerdebriefe erhielt. So trieb Backi Hedwig in die Arme des Friedhofsgärtners. Die Stimmung in dem feuchten Schuppen zwischen den Gräbern war schlecht. Das Leben in Europa hatte Hedwig sich anders vorgestellt. In Cleveland war sie von christlichen Irren verfolgt worden, aber hier rieb sie sich zwischen Bocki, Backi und zermürbenden Wohnverhältnissen auf. Die ausgedehnten Wanderungen mit Schmand und den Kindern waren da eine willkommene Abwechslung.

»Wieso hams koa Schleier?«, fragte Bruno die Försterin. »Und woas-

Das Leben des Bruno A. Sauermann   63

her nennt man Sie »Faltenhund«, Mam?« Bruno gefiel die Anrede »Mam« für die Amerikanerin, weil ihm dadurch der Porzer Forst, in dem sie hauptsächlich wanderten, internationaler erschien.
»Oh, boy. A long story. Ich kam als blinde Passagier in Hamburg an. Ich hatte kein black card, you know?«

Der »Faltenhund«, 1911 kurz nach ihrer Ankunft in Köln

Bruno verstand kein Wort. Er sprach kein Englisch. Nur »Mam« und »Cowboy« kannte er, aber seit er wusste, dass Cowboys nichts anderes waren als Kuhjungen, hatte es seinen Klang für Bruno verloren.
»I came in a dogbox, you know? In eine Hundekiste für eine Faltenhund. Von eine reiche Industrielle, Mr Brunzelmann, you know?
»Brunzelmanns Uncle« in der Schandstraße.«
Natürlich kannten die Kinder die Schandstraße. So groß war Nip-

pes ja nicht. Brunzelmanns Mülltonnenmanufaktur war ein roter Klinkerbau, in dem in Friedenszeiten 150 Männer arbeiteten und mit der Hand Mülltonnen aus großen Stahlmatten ausschnitten und zurechtdrehten. (Vgl. *Es war nicht alles Müll.* Jubelschrift der Kaufmannschaft Nippes zum hundertsten Geburtstag der Manufaktur »Brunzelmanns Onkel« aus dem Jahr 2004.) Jede Mülltonne war ein Unikat, teilweise wurden Motive aus dem Kölner Karneval auf die Tonnen gestanzt, teilweise päpstliche Motive. Auch individuell gestaltete Kübel waren möglich. Manche Ehepaare ließen ihre Porträts aufstanzen, Hundebesitzer ihre vierbeinigen Liebsten. Brunzelmanns Mülltonnen waren vor dem Zweiten Weltkrieg beliebte Gebrauchs- und Geschenkartikel. (Vgl. Briefwechsel Ernest Hemingway mit Marlene Dietrich, 1949: «My little Kraut [Spitzname von Hemingway für Marlene Dietrich, Anm. der Verfasser], I once bought a garbage can in Cologne. I remember, they put your face on it, so I could kiss the can every day and think of you. Your beloved Papa. I kiss you hard!«, in: Archiv der John F. Kennedy Library, Boston, Archivnr. 1209/VII/G/XII/56/reg. 90/3.)

Die Kinder verstanden. Hedwig hatte in New York den Faltenhund aus seiner Box befreit und weggejagt und sich stattdessen in die Box gezwängt. So war sie nach Europa gekommen und per Zug von Hamburg nach Nippes geliefert worden zu Brunzelmann, der verwirrt war, statt seines Hundes eine Amerikanerin vor sich zu haben, die kein Wort Deutsch sprach. Sein Dreher Backi kümmerte sich um sie, da er Native Speaker war. Backi, eigentlich Burt Ackermann, wurde 1882 in Phoenix, Arizona, geboren, wanderte 1900 nach Europa aus, wo er nach mehreren Jahren auf der Walz als Dreher auf Probe bei Brunzelmann begann. Er starb 1924 an einer Fleischvergiftung. Er wurde auf dem Amerikanerfriedhof Köln begraben, wo die meisten der eingewanderten Amerikaner ihre letzte Ruhestätte fanden.

»Wie nennt der Jägermeister die Fuchsschnauze?«, unterbrach Schmand Hedwigs interessante Ausführungen beim Spaziergang durchs Unterholz. »Pratzen, Wendel oder Receiver?« Dabei blinzelte er der Amerikanerin zu.

»Pratzen«, riefen die Kinder im Chor. Die gelernte Försterin nickte.

Das Leben des Bruno A. Sauermann   65

»Aber bei uns in America sagt man auch ›Receiver‹. Die Fuchsjagd ist original von England, darum heißt original der Schwanz ›Server‹ und zu die Pfoten sagst du ›Mouse‹ oder ›Mice‹.«

Mit dem Spazierstock aus Mahagoni durchschritt Schmand dichtes Gestrüpp. Er trug lange Lederhosen aus seiner Münchner Heimat, während sich die Kinder die nackten Beine aufrissen.

»Wie viele Tiere schlafen auch Füchse in einer speziellen Position. Was ist das Besondere an der Schlafstellung der Gelbdrosselfüchse? Uli?«

»Sie schlafen übereinander. Ein Gelbdrosselfuchsturm kann bis zu neuneinhalb Meter hoch werden.«

Schmand schüttelte den Kopf. »Das schon, aber das mein i net. Das mochn vui Tiere so. Bruno, host du a Idee?«

»Ist es das mit dem Augensack?«

Schmand nickte aufmunternd.

»Sie entfernen sich mit der Hinterpfote die Augen aus der Augenhöhle und legen sie in den sogenannten ›Augensack‹ für die Dauer der Nachtruhe.«

Gräfin Bommi gab Bruno einen Kuss auf den Mund und die anderen klatschten dazu. Nur Uli nicht, die sich die Revolution herbeiwünschte, die Abschaffung des Adels und die Guillotine. Eifersucht war schon immer eine Triebfeder für große gesellschaftliche Umwälzungen.

Am Abend lagen sie unter Decken und schauten in die Sterne. Bommi und Bruno wie die Gelbdrosselfüchse übereinander, die anderen einer neben dem anderen, die Arme hinterm Kopf verschränkt.

»Gell, das is schee, Kinder«, seufzte ein zufriedener Schmand. »Der Weltraum ist der größte Raum der Welt. Über 800.000 Kilometer lang, mehr als 92.000 Kilometer breit und 7.000 Meter hoch. Sakkra, das is riesig, das können mir uns gor nit vuistön.«

»Bruno? Kann isch misch auch noch auf eusch drauflägn?«, fragte Uli vorsichtig.

»Schickt sie dos, Uli? I woas net.«

Aber Gräfin Bommi öffnete die Decke und zog Uli zu sich. So lagen sie zu dritt übereinander und plötzlich war Bommis Ohr in Ulis Mund

und Ulis Mund auf Bommis Mund und Brunos Ohr auf Bommis Ohr und als Schmand und der Faltenhund leise zu schnarchen begannen, vögelten sich die drei Schüler der Schmand-Schule die Seele aus dem Leib. Und Uli war froh, dass es bis zur Revolution noch etwas dauern würde.

Auf dem Nachhauseweg erfuhren sie noch Wissenswertes über ihren Heimatplaneten. Mit dem Stock deutete Schmand ins Universum. »Der Planet Venus ist nach einer wohlschmeckenden Muschel benannt worden. Aber die Erde, woher hat die Erde ihren Namen?« Das wussten sie alle nicht. Auch die Försterin schüttelte den Kopf. »Erde ist eine Abkürzung. RD. Das steht für Redlight District. Früher sagte man auch nicht ERDE sondern ERLDE. Jesus bezeichnet in der Bibel im Korintherbrief Johannes, Kapitel Kackvogel 14, die Welt als »einen Ort der Liebe, für die man aber zahlen muss«.

Hatte Schmand etwas mitbekommen und wollte er ihnen jetzt verklausuliert sagen, dass kein Sex ohne Konsequenzen bleiben kann? Ernst schauten die Kinder zu Boden.

»Na, Schmarrn«, rief Schmand lachend. »Die Erde hieß immer schon Erde. Schon lange bevor es die Sprache gab. Das könnts nachlesen im Buch von einem Spezi von mir, dem Friedrich Atzorn-Sapperlot. *Bekenntnisse eines Münchners*, a sauguats Buch ist das, Sakkra, is des guat!«

(*Bekenntnisse eines Münchners* ist 1905 im Selbstverlag erschienen. Das schmale Bändchen hat 21 Seiten, ist handgeschrieben und in einer Auflage von zehn Exemplaren erschienen. Vier Bände befinden sich im Schmand'schen Nachlass in der Bruno-Sauermann-Bibliothek. Überwiegend besteht das »Buch« aus Rezepten für Obazda und aufgeschmalzne Brotsuppe, dazwischen stehen Sauf-Aphorismen und Anekdoten meist derber Natur. Friedrich Atzorn-Sapperlot (eigentl. Fritz Sapperlothringer), 1876–1906, war königlich-bayrischer Amtsgerichtsrat in Deisenhofen bei München. Er war ein Jugendfreund von Dietrich Hans Schmand, der 1906 bei einem gemeinsamen Bergausflug in den Schweizer Alpen in eine Gletscherspalte fiel (Gauligletscher, in den Berner Alpen). Einen Handschuh von Sapperlot, den der am Tag des Unfalls getragen hatte, verwahrte Schmand in einem Schrank im »Schlechten Zimmer« in seiner Villa bis zu seinem eigenen Lebensende auf. Bruno Sauermann, der nichts von der Bedeutung des Handschuhs wusste, schmiss ihn nach Schmands Tod weg.

Das Jahr 1917 bot viele freie Lehrplätze, denn fast 75 Prozent der männlichen Bevölkerung waren verschollen, gefallen oder so schwer verstümmelt, dass an Arbeit nicht zu denken war. Männer mit zwei Armen oder zwei Beinen waren eine Sensation, im Durchschnitt fehlten jedem noch lebenden Nippeser über 18 ein Ohr, Teile des Kiefers, ein Fuß und ein Arm. (Vgl. *Die Krüppelgarde*, hrsg. von Dr. Manfred von Richthofen, Verbrecherverlag, Mannheim, 1919. Richthofen selber schrieb die Anmerkungen in diesem prachtvollen Bildband über die schlimmsten Knieverletzungen der rheinischen Soldaten mit dem Mund, da ihm bei Ypern beide Arme von einem französischen Maulesel abgerissen worden waren, vgl. *Von Lipizzanern und Eselchen, Kampftiere an der Front*, Igelverlag, Preußen, 1923. Die Anmerkungen sind deshalb sehr kurz gehalten, weil es Richthofen sehr anstrengte, war ihm doch von einer Kugel zusätzlich ein Teil der Oberlippe zerstört worden.)

Im Februar verkündete Schmand seinen drei Schülern, dass er ihnen nichts mehr beibringen könne und sie ins wirkliche Leben entlassen seien. Bruno war 15 und ihm schwebte ein Beruf vor, »der woas mit Trinka zum duan hot oder mit Roasn in ferne Landerln«. Bommi wollte einfach Gräfin bleiben und Uli Ulrich wollte das Gleiche machen wie Bruno, um in seiner Nähe zu sein. Also fragte sie ihren Großvater, ob Bruno und sie bei »Ipsbach und Söhne und Ulrich und Söhne und Töchter« in der Brauerei oder der »Nassen Mütz« eine Lehre machen könnten. Opa »Gulli« Ulrich empfing die beiden Lehrlinge mit offenen Armen, herrschte doch in der Brauerei ein großer Personalnotstand, nachdem auch die an Down-Syndrom leidende Kellnerin Billi ihren Lebenstraum wahr gemacht hatte und nach Down Under ausgewandert war. Australien war ihr gelobtes Land. (Vgl. Univ.-Doz. Urs Sprängli, *Mongoloid in Melbourne – Die Be-*

deutung des Down-Syndroms im Land der Känguruhs, Edition Gruezi alle mitanand, Basel, 1967, S. 17.969. *MiM*, wie dieses Mammutwerk in der Fachwelt abgekürzt wird, hat über 600.000 Seiten und gilt heute als das dickste Buch der Welt über Australien. Melbourne war ein Paradebeispiel für gelungene Integration, denn noch in den zwanziger Jahren des 20. Jahrhunderts litten fast achtzig Prozent der Melourner Bevölkerung an dem Gendefekt, der zum Down-Syndrom führt. Trotzdem war Melbourne eine der blühendsten Städte der Welt. Billi wurde dort Zeitschriftentycoon (hervorzuheben sind das Biermagazin *Batz*, das Weinmagazin *Watz* und das Kaffeemagazin *Catz*) und leitete die Münzwäschereikette »Wash me down«. Sie heiratete einen Ureinwohner und zog mit ihm in die karge Wüstenregion des Fünften Kontinents, wo sich ihre Spur verliert.

»Ihr fangt als Humpenwäscher, ›dä Humpwäsch‹, an. Nach einem Jahr könnt ihr das Bierthermometer bedienen, ›dä Batzmätä‹, im dritten Jahr machts ›dä Zäpf‹ (den Zapfhahn) und ›dä Käsch‹ (das Abkassieren). Im vierten Jahr machts ›dä Bräü‹ (das Brauen) und im fünften Jahr machts ›dä Jänz‹, also zur Gänze alles«, erklärte Gulli ihnen ihre Ausbildung. Eberhard Schnerps, der Vorarbeiter, sollte ihnen mit Rat und Tat zur Seite stehen, »mit Rät und Tät«, wie es Gulli ausdrückte, während Ipsi, wenn er getrunken hatte, »Täteräteterä« sagte. Schnerps war ein sonderbarer Mann, liberal, loyal und still. Mit kleinen trippelnden Schritten lief er zur Humpenspüle (»dä Huspü« oder auch »Humspö« oder auch »dä Spöl«) und zeigte ihnen die richtige Art des Humpenwaschens.

»Dä Hump näms an dä Ärsch un stäckstet in dä Humpenstrahl, datt dä Humpen in dä Waschstraß kütt.« Schnerps steckte den schmutzigen Humpen auf einen Holzpflock, den er dann durch drei verschiedene Eimer zog, die mit Wasser, Seife und Chlor gefüllt waren. Blitzblank kamen die Humpen aus dem letzten Eimer, leider war der Humpenboden von der Seifenlauge und dem Chlor ganz grün. »Dät trinksse mit. Scheisejal.« Tatsächlich starben in Nippes mehr Menschen durch vergiftetes Bier als durch den Ersten Weltkrieg, vermutet eine Streitschrift der Winzerinnung »Rheinweine« mit dem Titel *Bier her und ich fall um – Leichenschluck mit Schaum*

(Koblenz, 1922). Ein billiges PR-Machwerk, das die Menschen zu mehr Weingenuss aufrufen wollte und Angst vor dem Hopfengetränk schürte.

In den nächsten Monaten saßen Bruno und Uli herum und wuschen unbenutzte Humpen. Eine große Stille lag über dem Gasthaus, bis Kriegsende war die »Nasse Mütz« ein entseelter, trauriger Ort. Nur hier und da ein Kriegsversehrter oder ein Soldat auf Heimaturlaub oder eine Witwe, die ihren Schmerz zwar nicht ertränken, aber doch anfeuchten wollte, die sich den Tod des geliebten Menschen schönzutrinken versuchte. Aber es gab Wochen, in denen überhaupt niemand kam. Im ganzen Jahr 1917 wurden laut Gulli Ulrich und Ipsi Ipsbachs Buchführung nur 29 Humpen, sechs Batz, drei Krüge »Blindentran« und ein »Leichenschluck« über den riesigen Tresen (»dä Träs« oder auch »Träsinger«) geschoben. Diesen einen »Leichenschluck« nahm Zsuzsa am 19. Dezember 1917 zu sich. 24 Zentiliter Spiegeleierlikör der Marke »Lüttich«. (Vgl. *EiEiEi-Lüttich Liköre fürs Leben,* Verlag Reisfleisch, Gent, 1932. Die unglaubliche Erfolgsgeschichte des taubstummen Likör-Connaisseurs und Fabrikanten Eddie van de Swieten, den man zeitlebens den »Likör-Sir« nannte. Van de Swieten war außerdem schwer sehbehindert und hatte seit einem Unfall mit einer Rübenschneidemaschine einen Holzarm.)

Bruno wusste nichts von dem körperbehinderten Likörmagnaten, als er gegen 3 Uhr früh Zsuzsa ihren letzten Likör einschenkte. »Oba dann is Schluss, Zsuzsa, du musst o amol aufhörn, hörst?«, versuchte er seinem Kindermädchen gegenüber Strenge zu zeigen. Aber Kellner müssen nun einmal einschenken, wenn der Gast es will. 1917 gab es noch kein Gesetz, das den Ausschank alkoholischer Getränke an Jugendliche oder Betrunkene untersagte.

Zsuzsa war zu diesem Zeitpunkt bereits so betrunken, dass sie in der Gaststube zu halluzinieren begann. Sie war an ihrem letzten Tag schon um 11 Uhr früh schwer alkoholisiert in die »Mütz« gekommen und trank bis 3 Uhr früh als einziger Gast weiter. Uli, Schnerps und Bruno bedienten sie zu dritt und wischten ihr immer wieder das Erbrochene vom schwarzen Trauerkleid. Die Beine des Zwillings hin-

gen leblos aus ihr heraus. Ihre kurzen, heißen Beine waren voll Bier.
Sie verdrehte die Augen und murmelte: »Serce mnie boli. Wyniki
wyszukiwania obrazow, Bertha, grbmuzyce! Na razie.« (Anm.
: Der
polnische Sprachwissenschaftler Bartlomiej Arkadiusz Meky übersetzt an dieser Stelle:»Mein Herz schmerzt. Glühbirnen, Bertha,
Grabmusik! Bis später.« Vielleicht sah Zsuzsa das Licht am Ende des
Tunnels?)
   Dr. Moritzl, der eigentlich Urologe war, aber durch gute Freunde
im Rathaus auch als Stadtpathologe eingesetzt wurde, gab am Tag
nach Zsuzsas Tod der *Kölner Rundpost* ein Interview, in dem er sich
erschüttert zeigte über die große Menge Alkohol in Zsuzsas Körper:

RUNDPOST: Herr Dr. Moritzl, haben Sie in Ihrer langjäh-
rigen Karriere je eine solche Alkoholleiche gesehen?
DR. MORITZL: Noch nie. Diese Polin ist das widerlichste
Weib, das ich je geöffnet habe.
RUNDPOST: Was hat die Obduktion ergeben? Was hat
diese Polin getrunken?
DR. MORITZL: Diese dreckige Hure hat mindestens 25 Li-
ter Bier, gute drei Liter Schnaps und an die zehn Liter Li-
kör getrunken. Dieses grauenhafte Stück Dreck. Die blöde
Sau, die. Die polnische Hur!
RUNDPOST: Dr. Moritzl, wir danken fürs Gespräch.
(Vgl. Archiv der *Kölner Rundpost*, Ausgabe 20. Dezember
1917. Das Interview führte Hubert »Hubsi« Ebennoch, Re-
daktionsleiter bis 1917.)

Am nächsten Tag schrieb Bruno einen empörten Brief an die *Kölner
Rundpost*, in dem er sich über den menschenverachtenden Ton des
Pathologen beklagte und eine Gegendarstellung samt Entschuldi-
gung forderte. Da Bruno aber minderjährig war, wurde der Brief nie
veröffentlicht und auch nicht beantwortet. Aber das geschmacklose
und rassistische Interview führte zu großen diplomatischen Span-
nungen zwischen Deutschland und dem Königreich Polen. In einem
Leitartikel der polnischen Tageszeitung *Bronski* forderte der Präsi-

Das Leben des Bruno A. Sauermann   71

dent der polnischen Ärztekammer, Dr. Lech Wojtila, Berufsverbot und sofortige Erschießung des deutschen Urologen Moritzl. Das wiederum führte in deutschen Ärztekreisen zur Forderung nach sofortiger Erschießung des Präsidenten der polnischen Ärztekammer. Der Verband der russischen Kinderärzte wiederum forderte daraufhin die Erschießung aller Urologen nichtslawischer Abstammung in Deutschland, was von offizieller Seite als »indiskutabel und nicht durchführbar« abgewiesen wurde. Dr. Moritzl behielt also Amt und Würden und äußerte sich drei Tage später erneut, diesmal in einem aufsehenerregenden Interview der *Krakauer Nachrichten*, das einen Tag vor Heiligabend erschien und wenig von der Weihnachtsbotschaft vermittelte:

KRAKAUER NACHRICHTEN: Dr. Moritzl, bereuen Sie die Wortwahl im Fall Zsuzsa?
MORITZL: Sind Sie Pole?
KRAKAUER NACHRICHTEN: Ja. Und stolz darauf.
MORITZL: Mit Schweinen rede ich nicht. Danke fürs Gespräch!
(*Krakauer Nachrichten*, Stettin, 23. Dezember 1917)

Daraufhin erklärten Polen und Russland Deutschland erneut den Krieg. Es waren furchtbare, verrohte Zeiten voll Nationalismus und Chauvinismus.

Bruno und Dietrich Hans Schmand waren frei von solchen Gefühlen. Sie trauerten um die kleine, freundliche Frau und beerdigten Zsuzsa am ersten Weihnachtstag auf dem Deutsch-polnischen Freundschaftsfriedhof in Nippes. (Anm.: Der Friedhof war in der Katschmannhofer Straße 23, wo sich heute die Kinderbuchhandlung »Heidi« befindet. Ein Besuch lohnt sich nicht nur nicht, sondern es ist strikt davon abzuraten. Die Besitzerin, Heidi Henkel, ist eine amtsbekannte Rechtsextremistin, die mit dem ebenfalls amtsbekannten Dortmunder Fußball-Hooligan »SS-Sigi« den Heil-Verlag gegründet hat und dort üble Machwerke für Kinder produziert, zum Beispiel *Der Kinder-Hitler* und die unter rechten Kindern beliebte

»Zwergbumsti«-Reihe. *Zwergbumsti schmeißt die Schwulen raus* [Band 1], *Zwergbumsti schmeißt die Zigeuner raus* [Band 2], *Zwergbumsti wirft die Linken raus* [Band 3] und der absolute Kultband *Zwergbumsti wirft sie alle raus bis auf Zwergbumsti* [Band 4]. Die »Zwergbumsti«-Folgen gehen in die 95. Auflage, Heil-Verlag, Brandenburg, 2007.)

Mehr als 25.000 Polen erwiesen ihrer Landsfrau die letzte Ehre, Grabmusiker aus Danzig spielten die polnische Nationalhymne und die beliebte polnische »Glühbirnenpolka«, die in Deutschland unter dem Namen »Sechzig Watt, wat is datt« 1920 ein beliebter Karnevalsschlager wurde.

Im Anschluss an die Beerdigung wurde die Praxis von Dr. Moritzl verwüstet. Fast 10.000 Trauergäste versuchten, in die Praxis zu gelangen, um den Urologen zu stellen. Als sie ihn nicht finden konnten, schlugen sie alles kurz und klein. Mikroskope, Becher für Urinproben, Harnröhrenschläuche und Einlaufpumpen flogen auf die Straße, Fensterscheiben klirrten, ein Hodensack aus Wachs flog auf die Straße, ein Prostatamodell, jeder Gegenstand wurde von großem Jubel begleitet, weil die Meute jedes Mal dachte, es wäre endlich der verhasste Arzt. Die zwei anwesenden Hilfsschutzleute, beide für den Kriegsdienst untauglich und weit über achtzig, waren überfordert. Es war Friez Stamml, der die rasenden Polen mit einem lauten Schrei zur Räson rief, so laut und donnernd, so gewaltig, als hätte Gott gerufen, wie die gläubigen Polen später zu Hause berichteten.

»Kackschiet und Snabelfotz! Miin liewe Polensleut, lot de Urologe, de Dämellak und Pimmeloge in Rüh. De Depp is nit van Wert, für dat je se ins Unglöck stürz. Jout fried na Huus und nix for slecht!«

Er gab jedem Polen freundlich die Hand und wie er schon den Aufstand der Pferdestriegler beendet hatte, so gelang es ihm auch jetzt, den deutsch-polnischen Dialog friedlich fortzuführen. Friez hatte dank seiner Stimme eine natürliche Autorität. Bei der Marine nannte man ihn das »Funkgerät«, denn bei technischen Problemen übernahm er die Kommunikation zwischen den Booten. Zu Weihnachten 1917 war er auf Heimaturlaub, ein Held des Ersten Weltkriegs. Für seinen mutigen Einsatz vor der Urologenpraxis wurde er mit dem sogenannten »Steifen Heimatorden« belohnt, dem »Steifen«,

Das Leben des Bruno A. Sauermann   73

wie es damals hieß. Neben dieser Auszeichnung bekam Friez auch noch verschiedene andere Orden:

Den »Eisernen Kriegsschwanz« für seine Verdienste bei der Schlacht von Obersylt. Er hatte mit Hilfe dressierter Seehunde die englische Marine für 48 Stunden komplett lahmgelegt.

Das »Rohr am Glied Erster Klasse« für tausend Tage Sturm auf See.

Den »Lorbeer-Riemen am Band« für die Rettung von achthundert Leichtmatrosen und zweihundert Offizieren aus einem brennenden Bordell in Rotterdam.

Ildikó war stolz auf Friez. Ihren Friez.

»Friez, heast, du bist leiwand. Die Quoin und du, ihr seids mia die Liabstn. Na, du bist no leiwander ois die Quoin, na wusch, Friez, du bist a Waunsinn!«

Ildikó musste lachen. Sie lagen im Bett und sie legte die vier Orden um sein bestes Stück.

»Heast, Friez, die Urdn auf dein Zumpferl, des passt guat. Oba da is ja no Platz für mehr! Die Zumpf is ja so lang wia der depperte Mahagoni-Stecken vom Schmand!«

Beide lachten. Tatsächlich hatte Friez einen Penis, der erregt 96 Zentimeter lang war. Eine imposante Anomalie, die ihm aber natürlich erschien.

Die düstere Kriegszeit und der Anfang einer großen Liebe

Bald nach Zsuzsas Beerdigung ging für Bruno der Alltag weiter. Die Humpen fingen Staub, weil das riesige Lokal menschenleer blieb. Ipsbach und Ulrich hatten gehofft, von den wütenden Polen zu profitieren, aber die verschmähten das deutsche Bierlokal. So steckten die Lehrlinge Bruno und Uli die staubigen Humpen in den Humpenstrahl, tagaus, tagein. Außer der »Humpenwäsch« war nichts zu tun. Die Rezeptur für den Batz hüteten Gulli und Ipsi wie ihre Augäpfel, und auch in die Geheimnisse der Buchhaltung (»dä Buha« oder auch »Bühä«) wurden die beiden Jungen nicht eingeweiht. So lagen sie viel am Boden und dösten gemeinsam mit Eberhard Schnerps, von dem es hieß, dass er ein kaltes Rätsel zwischen den Beinen trug. Schnerps hatte dichtes, schwarzes Haar, das er zu einem Dutt zusammenknotete. Im Dutt steckte ein Bleistift, mit dem er Striche auf die Bierdeckel machte, um sich bei der Humpenabrechnung leichter zu tun. »Alter Kellnertrick«, erklärte Schnerps, aber den kannten Bruno und Uli schon. Schnerps selbst nannte den Bleistift im Dutt »dä Dublä« oder auch »dä Bublä«, die Abkürzung für Buchhaltungsbleistift.

Manchmal kam Dietrich Hans Schmand in die »Nasse Mütz«, um seinem Stiefsohn die Jause zu bringen, »a bayrische Brotzeit, vier Paar Weißwürst, ein süßer Senf, a Brezn« und zwei Liter extrastarken Espresso in einem Zinnkrug der Firma »Zöpfle«. (Vgl. *Sinn und Zinn – Der Dalai-Lama und »Zöpfle«-Zinnkrüge. Wie der oberste Tibeter seine Leidenschaft für Zinn aus Koblenz entdeckte*, hrsg. von Tibetische Volksbibliothek Lhasa, Lhasa, 2001. Das Vorwort stammt von Hildegard Zöpfle, der Urenkelin von Zacharias Zöpfle, dem Firmengründer, der mit Zinnsärgen Milliarden verdiente und auch als Erfinder des Kartoffelpuffers gilt. Kartoffelpuffer waren früher und sind auch heute noch ein »Arme-Dirnen-Essen«.)

Während Bruno die Weißwürste und den brennheißen Kaffee verdrückte, kritzelte Schmand konzentriert in einem dicken Notizbuch. Er schien schwierige Zeichnungen zu machen. Immer wieder radierte er etwas aus und zog gewissenhaft gerade und geschwungene Linien.

»Onkel Dietrich Hans, woas moachstn du do?«, fragte Bruno und zutzelte dabei die Wurst aus der Haut.
»Dös is nix, Bua. Nur a Fliagserl.«
»Woas?«
»A Fliagserl, Bruno. I nenns Fliagserl.«

»Fliagserl«, Originalzeichnung von Dietrich Hans Schmand, Bleistift auf Papier, 1917

Was Schmand da aufs Papier brachte, sah aus wie ein großer, eckiger Vogel mit Fenstern. Entfernt glich die Zeichnung den Fluggeräten, mit denen Freiherr von Richthofen im Krieg für Furore sorgte. (Der Beiname »Roter Baron« wurde von Richthofen, 1892–1918, nach dem Krieg von den Engländern gegeben, weil es für »Freiherr« keine Entsprechung im Englischen gibt. »Rot« nannte man ihn wegen seiner schweren Neurodermitis, die man auf den Schwarzweißfotos nur schwer erkennen kann, aber wenn man sich bemüht, schon.)

Schmands Vögel hatten allerdings nicht wie von Richthofens Doppeldecker vier, sondern nur zwei Flügel und waren wesentlich größer.

»Und woas koann das Fliagserl?«, fragte Bruno interessiert.
»Fliagn.«
»Aha. Deshalb hoaßts ›Fliagserl‹!«
»Ah jo, Bruno. Schmeckt die Wurst?«
»Ja.« Bruno nahm einen Schluck dampfenden Kaffee und kniff vor Schmerzen die Augen zusammen. Er hatte sich verbrüht.
»Ist der Kaffee z heiß, Bruno?«
»Jo, er is scho haaß, oba s geht scho.«
»Gehts wirklich, Bua? Oder is er zu hoaß, du kinnst es mir sogn. Ist der Kaffee z heiß?«

Manfred von Richthofen mit Allergieanzug, 1918

»Jo, er is scho sehr haaß, oba s geht scho.«

»Gehts wiarkli, Bruno? I man, du muaßt den Kaffee nit trinken, woans z hoaß is, gell?«

»I woas, oba s geht scho. I moan, er is scho furchtboar haaß, oba s geht scho.«

»Wirklich?«

»Ja, Onkel Dietrich Hans, wirklich. Für woaviele Menschen isn das ›Fliagserl‹ gmocht?

Schmand zögerte kurz. »Für vui Menschen, Bruno, voll vui Menschen. Fünfhundert!«

Bruno musste lachen. Schmand war manchmal wirklich ulkig. Fünfhundert Menschen, in einem Flugzeug, das war köstlich. 1917 konnten maximal drei Personen in einem Flugzeug sitzen. Fünf-

Das Leben des Bruno A. Sauermann

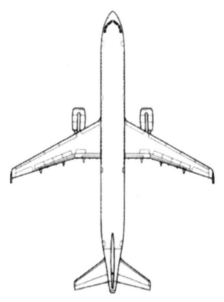

Das »Fliagserl« von Dietrich Hans Schmand aus der Vogelperspektive

hundert? Ein guter Witz des bayrischen Lebemanns. Auch Uli und Schnerps, die neben ihnen am Boden dösten, mussten lachen. Fünfhundert Menschen in einem Flugzeug? Eine herrliche Vorstellung. Dietrich Hans Schmand lachte mit, zeichnete aber konzentriert weiter, bis Bruno alles aufgegessen und ausgetrunken hatte.
(Anm.: Nach Dietrich Hans Schmands Tod fand Bruno im Schreibtisch seines Stiefvaters im Likörzimmer das alte Notizbuch aus dem Jahr 1917 mit vielen Konstruktionsplänen eines Flugzeugs, die für ihn unbegreiflich waren. Aber Bruno spürte, dass diese Zeichnungen nicht ohne Bedeutung waren, und hob sie auf, so dass sie noch heute im Sauermann'schen Nachlass einsehbar sind. 2001 staunten Techniker der amerikanischen Firma Boeing nicht schlecht, als sie die Pläne untersuchten. Was sie hier fanden, war eine Sensation. Dietrich Hans Schmand hatte 1917 den »Airbus A 330« vorweggenommen. Hier der verblüffende Vergleich. Der Airbus A 330, oben die Schmand-Version des »Fliagserls«.)

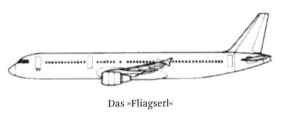

Das »Fliagserl«

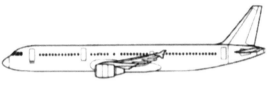

Der A 330

(Anm.: Auch die Inneneinrichtung war identisch. Einziger Unterschied: Die Schwimmwesten waren bei Schmand nicht unter dem Sitz angebracht, sondern in einer Seitentasche neben dem Sitz. Auch hier lag Schmand richtig. Im Falle eines Absturzes ist es leichter, zur Seite zu greifen, als mühsam unter den Sitz. [Vgl. *Ich schnall es nicht – Zu blöd zum Fliegen. Deutschlands dümmste Flugpassagiere.* Edition Blackbox, Landshut, 2004. Eine Polemik des Flugsicherheitsdienstes Baden-Württemberg. Die Techniker der Flugsicherheit wiesen hier launig nach, dass fast 25 Prozent der Passagiere, die bei Abstürzen über dem Meer starben, noch leben könnten, wären die Schwimmwesten seitlich angebracht gewesen.])

Das Haus in der Schandstraße 6 lag direkt neben der Mülltonnenmanufaktur »Brunzelmanns Onkel« gegenüber der Praxis von Traude Kipperkarten, der Hellseherin. Es war ein heruntergekommenes Acht-Parteien-Haus, fensterlos zur Straße hin, nach hinten hatte zumindest die Parterrewohnung eine kleine Luftluke, durch die man auf den staubigen und dunklen Hof voller Unrat sehen konnte. Hier wohnte Familie Blasewitz, deren drei Söhne in Ypern gefallen waren. Die Flötisten der Militärkapelle waren mit ihren eigenen Instrumenten vom Feind erschlagen worden. (Vgl. Gerd Ofen, *Melodie des To-*

des. Die letzten Bläser ihrer Majestät – Wenn Instrumente zu Mordwerkzeugen werden, Verlagshaus HampeHampeHampe, Bonn, 1967.) Beide Eltern wurden kurze Zeit später halb nackt und tot am Klavier gefunden. Die Parterrewohnung stand also leer.

Im ersten Stock lebte eine liberale 78-jährige Kurdin, die wie eine Eule aussah, und kleine goldene Glöckchen am Kleid, den Schuhen und dem Turban hatte. Über ihr wohnte die 68-jährige Witwe Rosalinde Pelltsich, die auch wie eine Eule aussah. Eberhard Schnerps wohnte allein im dritten Stock auf 28 Quadratmetern. Im vierten Stock lebte die Familie Sittich, der fünfte und sechste Stock waren unbewohnt, unterm Dach wohnte Horst Bussard in einem zwölf Quadratmeter großen Verschlag. Horst Bussard kam ursprünglich aus dem holländischen Alkmaar und war gelernter Käseklopfer, verdiente aber im Krieg sein Geld als Prothesenbieger bei »Maulke-Beine«, der bekanntesten Prothesenfabrik Deutschlands, die spezialisiert war auf Beine, Füße und Rümpfe. (Vgl. Sanitätsrat Ludwig von Klump, *Bein ab, Arm dran?*, Verlag Not und Elend, Berlin, 1919. Ein amüsanter Ratgeber für Menschen, die mit Kriegsverstümmelungen leben müssen. Prächtige Bilder sorgen für stundenlanges Lesevergnügen.)

In diesem Haus aus gelbem Sandstein fand im November 1917 ein Abendessen statt, zu dem Eberhard Schnerps auch Bruno und Uli einlud sowie den pensionierten Einwäscher aus der »Nassen Mütz«, den 71-jährigen Heinrich »Heinzer« Zeplin, und Camillo Cibulka, dessen hundertster Geburtstag Anlass für die kleine Feier war.

Cibulka hatte bis vor fünf Jahren in der Brauerei als Umschwenker und sogenannter »Aus-dem-Stand-Schütter« gearbeitet, als »Astaschü« oder, seltener, auch »Ässchä«. Cibulka kannte die Brauerei schon, als sie noch »Ipsbach und Söhne« geheißen hatte, also vor der Fusion mit »Ulrich und Söhne und Töchter«. Cibulka hatte einen fast kahlen Schädel, aber etwa zehn oder zwanzig sehr lange weiße Haare, die er zu einem Zopf zusammengebunden hatte. Er hatte typische Brauereihände. Groß und aufgerissen und vom Hopfen zersetzt, dazu eine »Altherrennase«, einen »Zänk«, riesenhaft und von unzähligen Adern zerfurcht. Als Astaschü hatte Cibulka von jedem Fass und jedem Humpen den ersten Schluck nehmen müssen, das sah man seiner

Ein leider sehr undeutliches Foto der kleinen Feier zum
Hundertsten von Camillo Cibulka, November 1917

Nase heute an. In seinen besten Tagen konnte er 15 Humpen tragen und 160 Kilogramm schwere Malzblöcke. Heute saß er angebunden am Stuhl, weil er zu schwach war, alleine zu sitzen.

Schnerps offerierte nordfriesischen Serviettenwein, den ihm Bussard aus Holland mitgebracht hatte, eine Kühltraube oder auch Gästetraube, sehr süffig und, da der Wein in Dünennähe gekeltert wird, sehr sandig. Serviettenwein knirscht, manchmal finden sich auch Muscheln oder kleine Krebse im Glas, auch Schlick.

Zu essen gab es selbstgedrehte Klotwurst und Senfsalat, eine rheinische Spezialität. Die Klotwurst wird traditionell abwechselnd in der Pfanne gebraten und im Rohr gegart, immer wieder über mehrere Tage, bis sie dann für zwei bis drei Wochen in einem Essigbottich mit Lorbeerblättern und Klotgemüse eingelegt wird. Diese Speise ist übelriechend, aber wohlschmeckend. Reste des Klots kann man zur Bakterienbekämpfung in Kranken- und Leichenhäusern verwenden. (Vgl. Sebastian Kneipp, »Der Tod ißt mit. Gefahr: Klot«, in: *Medizinische Blätter*, BMW – Bayrische Medizin Werke, Bad Wörishofen, 1904. Tatsächlich wird Klot heute nicht mehr verwendet.

Das Leben des Bruno A. Sauermann

Klot ist totes Chlor, das sehr aggressiv ist und die Mageninnenwand zersetzen kann!)

Bruno hielt sich mit dem Verzehr nobel zurück, während Uli aus Höflichkeit aufaß und mehrmals um Nachschub bat. Während des Essens wurde wenig gesprochen, weil der Klot im Mund in Verbindung mit Speichel schwarz schäumt und klebrig wird, so dass man Ober- und Unterkiefer kaum mehr auseinanderbekommt. Man spricht hier von »Verklotung«, eine der Haupttodesursachen Anfang des 20. Jahrhunderts.

»Oh«, sagte Uli und setzte das Glas mit dem Serviettenwein ab. Aus ihrem Mund zog sie etwas Aspikhaftes.

»Dat bringt Jlück, dat isene Qualle, also en Stückschen vonener Qualle«, sagte Schnerps, der zu frieren schien, denn er steckte sich eine Wollmütze in die Hose.

»Kalter Schritt?« Zeplin lachte bösartig und zeigte sein schwarzes, lückenhaftes Gebiß. Klot steckte ihm zwischen den Zähnen und er schäumte aus dem Hals.

»Von moan Onkel hob i a Gschenk für den Herrn Cibulka. Kaffee aus der Türkei mit beste Wünsch zum hundersten Geburtstag, Herr Cibulka lebe hoch, hoch, hoch«, rief Bruno und stand auf, den Serviettenwein in der Hand, um anzustoßen, aber nur Uli stand auf. Schnerps nickte ihm immerhin freundlich zu. Also stieß Bruno nur mit Uli auf Camillo Cibulkas Geburtstag an. Das Geburtstagskind selbst schien am Klot zu ersticken.

»Brauchens e Hilf, Herr Cibulka?«, fragte Bruno besorgt und klopfte dem ehemaligen Astaschü auf den Rücken. Cibulka schien zu ersticken.

»Der feine Herr Schmand«, murmelte Zeplin gehässig. »En bisken en Käffken, der Herr Aktionär. Hasse nich en paar Penunzen von dein Onkelchen?«

Camillo Cibulka fiel mitsamt dem Stuhl, an den er festgebunden war, um und lag ohnmächtig neben dem festlich gedeckten Tisch. Sofort sprang Bruno auf und lief zum Ofen, um Wasser aufzusetzen.

»Was will der Schmand-Jung? Cibulka kriegt doch kein Kind!« Zeplin lachte laut auf, aber Bruno ließ sich nicht beirren. Mit dem

82   *Debilenmilch*

kochenden Wasser kam er zum Tisch zurück. Er schüttete sein Weinglas aus und goss das heiße Wasser hinein, dann riss er das Päckchen mit dem Kaffee auf und füllte einen Löffel des schwarzen Pulvers in das Glas. Er wartete, bis der Kaffee sich auf den Glasboden setzte, und gab dann dem alten Mann zu trinken. Genauso, wie Schmand es mit ihm immer gemacht hatte, wenn er nach dem heißen Bad Kreislaufschwächen hatte. Und auch Cibulka öffnete die Augen. Dankbar gab er Bruno einen Kuss auf den Mund. Das hatte Bruno eigentlich nicht gewollt.

Das Silvesterfest 1917/1918 fand auf Einladung von Bommi Gräfin Specht im »Palais Specht« statt. Im Tanzsaal, einem achteckigen 350 Quadratmeter großen, sogenannten »Prunkzack« (oder auch »doppelte Lusterraute«), stießen Bommi, Bruno, Uli, Ildikó Turkman, Dietrich Hans Schmand, die Försterin Hedwig Büffelburger, Burt »Backi« Ackermann und Bocki, der Friedhofsgärtner, aufs neue Jahr an. Das »Brunzelmann Trio«, Werksbläser der Mülltonnenmanufaktur, posaunte Tanzmusik, zu der die insgesamt vierhundert Gäste die »Glühbirnenpolka« tanzten, die in Nippes seit Zsuzsas Beerdigung sehr beliebt war. Auf dem Parkett tummelten sich mehrheitlich Greise und Kinder, dazu einige Versehrte und verhärmte Witwen, der Rest der Bevölkerung war tot oder im Krieg oder beides.

Der neue, junge Oberbürgermeister von Köln, Konrad Adenauer, hielt die Neujahrsansprache. »Lewe Leut, mer lote de Mot nit sinke«, rief er. Der spätere Bundeskanzler der Bundesrepublik wirkte bei einem seiner ersten offiziellen Auftritte unbeholfen. »Un jitt: Prosit. Janz Kölle het Dorscht!« Adenauer erhob sein Glas und prostete der jungen Gräfin zu, die zur Feier des Tages ihren Bademantel geschlossen trug. Die Gäste taten es ihm gleich, man applaudierte und rief: »Hoch, Gräfin Bommi lebe hoch!«

Ildikó Turkman schaufelte am Buffet ungewöhnlich kleine Stücke gerösteter Leber in ihre Handtasche, neben ihr Schmand, der den Blauhaar im Arm trug und Bocki und Backi, die Billigbowle aus Batzresten und Braunkohle tranken (sehr süffig!) und ihre Kinderstube vergaßen, indem sie donnernd und unaufhörlich vor sich hin flatu-

Das Leben des Bruno A. Sauermann

Ildikó und Bocki tanzen ins neue Jahr, Silvester 1917/1918

lierten. Man zeigte sich begeistert über die Gastgeberin. Die Zeiten waren schlecht und trotzdem hatte Bommi Köstlichkeiten auf den Tisch gezaubert.

»Woasher isn dös?«, fragte Bruno staunend und zeigte auf etwas, das wie Vanillepudding aussah, aber keiner sein konnte. Bruno wusste, dass es im Kaiserreich einen Vanilleengpass gab, seit die Vanilleschotenernte für die Senfgasproduktion verwendet wurde. Vanille galt deshalb als Todesgewürz, Vanilleeis als geschmackloser Witz. (Vgl. Flavio di Straccia, *Gelato e guerra – Una storia mortale della vaniglia criminale. I tedeschi e il »senfgas«*, Vesuv, Neapel, 1975.)

»Nein, das sieht nur aus wie ein Vanillepudding«, klärte sie ihn leise auf. Ildikó hatte ihr ein Dutzend Quallen aus Hamburg besorgt, die Bommi dann in einem Mörser zerstampfte und mit gelber Lebensmittelfarbe vermengte. Der vermeintliche Vanillepudding war beigegefärbtes Quallenfettgewebe. Auch die Rippchen kamen nicht vom Schwein. Die Knochen waren aus Holz geschnitzt und drum herum hatte die Gräfin gegrilltes Mäusefleisch befestigt. Wenn man nicht wusste, was es war, schmeckte es vorzüglich. Das galt auch für die kleinen, gerösteten Mäuselebern.

Viele Gäste hatten seit Tagen nichts mehr gegessen. Man aß Insekten, den Putz von der Wand, Sand, Fingernägel, man schmolz Nägel, weil sie so verträglicher waren, und trank sie dann, der Hundefriedhof wurde geplündert und die Kadaver verspeist. Eine Zählung sämtlicher verfügbarer Lebensmittel im letzten Kriegswinter 1917 in Deutschland und Österreich-Ungarn ergab ein erschütterndes Ergebnis. Die Reichsvorratskammern veröffentlichten diesen internen Bericht:

> Seiner hochwohlgeborenen Majestät zur unerquicklichen
> Ansicht. Hiero die Belistung namentlich sämtlicher dero
> im Deutschen Reiche wie auch im Habsburgischen auf-
> findbarer Ess- und Köstlichkeiten:
> 105 Brotlaibe schwarz
> 59 Brotlaibe weiß
> 94 Kartoffeln speckig
> 18 Kartoffeln mehlig
> 4 Dosen Bohnen (in Mähren)
> 4 Kilogramm Butter (ranzig)
> 2 Kisten Fettfleisch (ranzig)
> 1 Tafel Schokolade (Graz)
> (In: »Fleischbeschauliche Materialien des Königl. Preu-
> ßischen Versorgungsamtes«, Major Hans von Rad, Berlin
> 1918, S. 7, Absatz 3, in: *Fressen wie bei Königs – Friedrich der
> Große mit Sauce*, Leipzig, 1958.)

Für fast hundert Millionen Menschen war das sehr wenig. Kein Wunder, wenn die Bauern entweder tot waren oder in Schützengräben lagen und man alle Pflüge zu Schwertern gemacht hatte.

Als das »Brunzelmann Trio« die Kaiserhymne »Heil dir im Siegerkranz« zu spielen begann, geschah es. Die Pferdestriegler Spoen und Spieber, beide kriegsinvalid und mit dem Wiederaufbau der »Partei der radikalen Mitte« beschäftigt, stellten sich zu Konrad Adenauer ans Rednerpult, ballten die Fäuste und riefen: »Es lebe sehr hoch die Revolution, der Adel soll nach Hause gehen, schon!«

Das Leben des Bruno A. Sauermann

Der junge Spoen extrem links, der junge Spieber in der Mitte, 1914

Der »Adel soll nach Hause gehen, schon«? So holprig war die Parole, und zudem war die junge Gräfin doch hier zu Hause. »Wie denn, sie wohnt doch hier«, rief Bocki und furzte gehörig, so dass es im Kristallsaal knatterte und hallte. Alle mussten lachen. Spoen und Spieber ließen die Köpfe hängen. Der sensiblere Spoen hatte feuchte Augen. Der liberale Adenauer sagte: »Do jitt et nix zo kriesche!«, und reichte dem Vertreter der »Radikalen Mitte« sein riesiges Taschentuch. Auch Bommi kam und nahm beide Herren in den Arm. Ja, sie war adelig und damit der natürliche Feind der beiden Striegler, aber ihr taten die Revolutionäre leid. Mit Bruno zusammen geleitete sie die zwei hinaus.

»Herr Spoen und Herr Spieber, ich wünsche Ihnen alles Gute im neuen Jahr«, flüsterte sie und nickte den Enttäuschten und Gedemütigten aufmunternd zu.

Das Fest ging weiter. Um Mitternacht hörte man die französische Artillerie zwölfmal schießen. Die Gäste »libbelten« den Sekt bis zum letzten Tropfen und begrüßten das Jahr 1918, das für viele von ihnen große Veränderungen bringen sollte.

Monate großer Verliebtheit folgten. Uli wurde immer mehr zur Außenseiterin, das Trio immer mehr zum Duo. Auf Anraten von Dietrich Hans Schmand, dem liberalen und weisen Lebemann, zog Bruno probehalber zu Bommi aufs Schloss. »Ziag hi zum Dirndl!«

Mit seinen 8.900 Quadratmetern war das Schloss wie geschaffen für das neue Glück, auch wenn die beiden 16-Jährigen die unendlichen Weiten der Räume, Gänge und Säle bisweilen beklagten, da sie sich im riesigen Schlossareal oft verirrten und tagelang nicht zueinander fanden. Bommis unglaublich leise Stimme machte es noch schwieriger, da sie sich kaum bemerkbar machen konnte. Hatte er sich verlaufen oder sie aus den Augen verloren, schrie er sich sogleich die Lunge aus dem Leib. »Bommi! Woaswo bist?« Und er flitzte wie ein Irrer verzweifelt durch die 150 Kemenaten und Wölbzimmer. (Vgl. Sir Walter Rattle, *Where Are You? – How Rich Couples Loose Their Love in Huge Chalets*, Sweet Disharmony, Dublin, 1981.)

So leise war sie, dass auch Hunde ihr das Ohr in den Mund steckten. Die Stimmbänder eines gesunden Menschen sind bis zu zwölf Zentimeter lang und vier Zentimeter breit. Es sind Bänder, die am Schildknorpel und Stellknorpel innerhalb des Kehlkopfes befestigt sind. Sie sind am oberen Rand der sogenannten »Stimmlippen« angeordnet. Die Ritze zwischen den Stimmlippen wird als »Stimmritze« bezeichnet. Diese Ritze war bei Bommi gar nicht vorhanden und aufgrund einer Adelsdegeneration waren ihre Stimmbänder nur vier Millimeter lang und einen halben Millimeter breit, dazu waren die Stimmlippen mehrfach nach innen gewölbt. So wie Kaiser Wilhelm II. und Kronprinzessin Mechthild (»die Lahme«) hatte Bommi nur sechs Zähne und gelbliche Muttermale, im Volksmund »Königssaftflecke« genannt. Gott sei Dank ging ihr auf Inzucht basierender Gendeffekt nicht so weit wie beispielsweise beim österreichischen Thronfolger Erzherzog Franz Ferdinand, der an gespaltenem Kehlkopf und schmerzhaftem Krustenpenis litt, wie die Obduktion in Sarajewo ergab. (Vgl. hier das derbe Wiener Volkslied: »Der Kaiser is a Nudlaug, der is so schiach, da brunzt di an. Der Kaiser schaut so gschissen aus, da brunzt di nomoi an.« In: *Liedbuch der sozialistischen Jugend Wien*, hrsg. von Bernhard Eiter, Wels, 1944.)

Das Leben des Bruno A. Sauermann

Andere häufige Krankheiten und Missbildungen, die in Europas Adelshäusern verbreitet waren: Schrumpfhoden, schwarzer Keuch- und Kriechhusten, verbogener Amboss- und Steigbügel, der sogenannte »innere Ohrknick«, gerötete Zehen, »Wurst-Atem« aufgrund einer Speiseröhrendeformation, behaarte Hüften und »Goldblick«, die Achsenverdrehung der Iris, was den Betroffenen einfältig, aber brav wirken lässt. (Vgl. Jean Baptiste Monet, *Le Roi est mort – Pourquoi?*, *Les malaises des Royaux*, Lille, 1950.)

Für Bruno aber war Bommi die schönste Frau der Welt und die beiden verbrachten die Zeit bis zum Matrosenaufstand im November 1918 fast ausschließlich im Bett oder auf der Suche nach dem anderen. Am 3. November machten sie in einer ganzseitigen Anzeige im *Kölner Rundboten* eine Verlautbarung:

> Bruno A. Sauermann, Brauereiangestellter zu Köln-Nippes, tut Kunde davon, die ehrenwerte und hochwohlgeborene Bomhilde Agathe Karate Sophia Beatrix Marianne Karl Viola Siebengunde Waltraud Gräfin von Specht, Freifrau zu Nippes in den Stand der Verlobung zu führen.

Die feierliche Anzeige endete mit dem Specht'schen Familienmotto »Das Pferd singt dem Toten nichts«, was viele unverständlich und unpassend fanden für eine Verlobung. Später deutete man den düsteren Pferdesatz als frühes Zeichen für die Tragik, die bereits böse mit den Hufen scharrte.

Ihre Verlobung ging in den Wirren des Kriegsendes unter. In Kiel übernahmen Arbeiter- und Soldatenräte die Macht. Auslöser des Aufstandes war ein Plan des Konteradmirals von Trotha. (Von Trotha, im Volksmund: »Voll Trottel«, litt – so wie Bommi – an unzähligen gelben Muttermalen. Außerdem hatte er lockige Wimpern und sechs Finger an jeder Hand.) Dieser Plan sah eine letzte Entscheidungsschlacht gegen die britische Royal Navy vor, »auch wenn sie ein Todeskampf wird«. Von Trotha, der wie viele Adelige an Konzentrationsschwäche und Aggressionsschüben litt, war bei den einfachen Soldaten nicht sehr beliebt. Verständlicherweise hatten sie nach all den Kriegsjahren kein großes Interesse an Todeskämpfen. Also erhoben sie sich, warfen ihre Vorgesetzten über Bord und am 9. November dankte der Kaiser ab. Manchmal gehen Revolutionen sehr schnell. Friez war während des Matrosenaufstandes in Kiel und sorgte mit seinem Organ, bedingt durch Stimmbänder, die fast 25 Zentimeter lang und zehn Zentimeter breit waren, immer wieder lautstark für Ruhe während der Unruhen. »Kackschiet und Snabelfotz! Revoltion is ja man gut und ssön, ma jetz is Middagstit un ick will ruhn. Jetz, kackschiet, is e Ruh un denn maken wir woll weidder mit dem Opstand un werfen de Kaiserlings woll rin ins Meer!«

Friez war die beruhigende Stimme der Revolution, aber er konnte auch zupacken und für seine Verdienste während des Aufstandes bekam er von den Matrosenräten erneut eine ganze Latte an Auszeichnungen beziehungsweise »Auszeichnungen an die Latte«, wie Ildikó scherzhaft sagte, als er wieder daheim in Nippes war. Heute erinnert in Kiel ein 1982 errichtetes Denkmal im Ratsdienergarten an den Matrosenaufstand.

Es waren unruhige Zeiten, vor allem für junge adelige Mädchen wie Bommi. Friez beschützte sie vor allzu eifrigen Umstürzlern. Er zog mit Ildikó und der Qualle ins Schloss und streifte nachts mit einer umgehängten Schrotflinte durchs Specht'sche Anwesen. Ja, es galt, die Republik zu unterstützen, aber, nein, die kleine Gräfin sollte nicht so enden wie die Zaren.

Uli Ulrich wünschte sich natürlich insgeheim ein ähnliches Szenario wie in Russland. Würde die Gräfin standrechtlich erschossen, wäre die Verlobung Makulatur und ihr Glück mit Bruno greifbar. Eine Verirrung des Herzens, aber auch die russische Revolution war das Resultat gekränkter Eitelkeit. (Vgl. *Lenin Loves Olga. Wenn Eifersucht in einer Erschießung endet* hrsg. von Prof. Didi Lehmann, Hannover, 1981. Lenin notierte tatsächlich in seinem »Roten Liebesbuch« pikante Details seines Lebens. In die junge Zarenprinzessin war er »verknallt wie ein 15-Jähriger«, sie aber fand den in ihren Augen »alten Mann« einfach nur »langweilig und potthässlich wie schimmliges Brot!«. In: Fjodor Pirosch, *Lenins Liebesleben*, S. 24, 49 ff., Verlag Verbrannte Erde, Jekaterinburg, 1922.)

Uli traf sich heimlich hinter der Mülltonnenmanufaktur in der Schandstraße mit Spoen und Spieber, um die beiden einzigen Mitglieder der »Radikalen Mitte« gegen Bommi aufzuwiegeln. Die beiden waren einverstanden, auch wenn Uli selbst als Brauereienkelin natürlich zum Klassenfeind gehörte. Aber in den Wirren der Nachkriegszeiten gab es viele ungewöhnliche Koalitionen. Spoen und Spieber waren sich nicht einig, wie man mit der Gräfin verfahren sollte. Spieber, der Radikalere von beiden, wollte ein Bombenattentat auf sie verüben, Spoen, der Sanftere, wollte ihr alle linksseitigen Knochen brechen. Sie einigten sich darauf, dass ein Bombenattentat ihr alle linksseitigen Knochen brechen sollte. Das verlangte allerdings nach einer intelligenten Bombe, die es damals noch nicht gab. (Vgl. *Wenn Atombomben die Frisur zerstören. Über die schrecklichen Kollateralschäden nuklearer Waffen in der guten Gesellschaft*, hrsg. von Fiona Swarowski, Karlheinz Verlag, Kitzbühel, 2007.)

Spoen und Spieber experimentierten auf den Rheinwiesen viel, bauten unzählige Bombenvarianten, blieben aber Dumpfbacken der Revolution. (Vgl. Heinz Strunk, *Dumme Duos – Von Modern Talking bis Stermann/Grissemann. Über den erschreckend niedrigen intellektuellen Gehalt der künstlerischen Arbeit im Zweierteam,* Koboldverlag, Hamburg-Harburg, 2005.)

Schließlich entschlossen sie sich zu einer sogenannten »Weihnachtsbombe«. Sie füllten Kastanien mit Schwarzpulver und bastelten aus Streichhölzern und den gefüllten Kastanien Maria, Joseph, Jesus und die Heiligen Drei Könige sowie Kühe und Schafe. Eine hochexplosive Weihnachtskrippe, der Stall von Bethlehem mit eingebauter Überraschung. Am meisten Schwarzpulver hatten sie in die Kuh gefüllt, weil sie am meisten Platz bot, und ins Jesuskind, weil sie Atheisten waren. Sie präsentierten Uli ihre Bombe, aber die wollte gar keine Details hören. Zu schlecht war ihr Gewissen bereits. Sie wollte die Nebenbuhlerin loswerden, aber mit den Einzelheiten nichts zu tun haben.

Am Ersten Advent überreichten die beiden Schmalspurextremisten der jungen Gräfin ihr »Geschenk«.

Debilenmilch

»Danke sehr«, flüsterte Bommi, ihr geöffneter Bademantel ließ die Anarchisten noch mehr schwitzen.

»Woasher isn dos?«, fragte Bruno und zeigte auf zwei Stück Lunte, die aus der Kuh und dem Jesuskind ragten und neben Maria zusammenliefen.

»Dat müssense am heiligen Abend anzünden«, stotterte Spoen, und seine Stimme überschlug sich.

»Am bäste dä Gräfin, aber mit links, dat bringt Jlück«, ergänzte Spieber. Sein Haar war klitschnass obwohl es kühl war im Schloss. Seine Halsschlagader drohte zu platzen, der ganze Hals vibrierte. Kein Wunder, es war sein erstes Attentat. (Vgl. *Es ist noch kein Attentäter vom Himmel gefallen! Erste Gehversuche berühmter Terroristen von Carlos bis Franz Fuchs,* hrsg. von Gabor von Zoltan, erschienen bei SevenEleven, Omaha, 2006. Rührende Kindheitsgeschichten, mit vielen, teilweise bunten Bildern aus den Familienalben späterer Attentäter.)

Am 24. Dezember standen Bommi, Bruno, Dietrich Hans Schmand, Friez und Ildikó mit der Qualle unterm Weihnachtsbaum. Der erste Heiligabend im Frieden. Bommi entfachte die Lunte und die Explosion, die nun folgte, war mit bloßem Auge kaum feststellbar. Sie hatte bestenfalls die Wucht eines hustenden Glühwürmchens. Der Anschlag war kolossal fehlgeschlagen und damit auch Ulis Hoffnung auf ein gemeinsames Leben mit Bruno A. Sauermann.

Das kalte Geheimnis und die Bierkäfer in der »Nassen Mütz«

»Darf ich?«, fragte Bruno und Eberhard nickte. Und was Bruno vermutet hatte, bestätigte sich auf dem Brauerei-Dienstklo. Schnerps' Penis war kalt wie eine eisgekühlte Coca-Cola-Flasche und hatte auch die gleiche Form. Nur Schriftzug war keiner drauf. Eberhard Schnerps, 47, Vorarbeiter der Brauerei »Ipsbach und Söhne und Ulrich und Söhne und Töchter«, litt sehr unter seiner eiskalten Männlichkeit. Messungen ergaben eine Temperatur von lediglich fünf Grad Celsius. Das war herkömmlichen Frauen zu kalt. Auch ihm selbst. Er hatte einen eigenen Masturbationshandschuh aus grüner Schafwolle.

Der Masturbationshandschuh von Eberhard Schnerps, heutiger Zustand (Abb. mit freundlicher Genehmigung des 1. Kölner Urologie-Museums)

Sein frostiges Gewirk war sein kleines, kaltes Geheimnis, bis sein Urologe Dr. Maxi in einem Interview mit dem *Kölner Stadtanzeiger* von «dem kältesten Penis Deutschlands« sprach und ein Nacktfoto von Eberhard Schnerps in die Kamera hielt. (Vgl. *Kölner Stadtanzeiger*, 19. März 1919 in der Reihe »Dä onger Sick vom Läbbe« des Brauchtumsjournalisten Heinz Schwamm.)

Kinder verhöhnten ihn daraufhin mit dem Spitznamen »Eiszapfen«, Hunde wechselten die Straßenseite. Auch den Job bei »Ipsbach und Söhne und Ulrich und Söhne und Töchter« verlor er, weil die beiden Brauereiunternehmer um das Image ihrer Firma fürchteten. Jetzt war er arbeitslos und allein mit kaltem Glied. Er hielt sich finanziell über Wasser, indem er für die anderen im Haus den Müll runtertrug, und hier entdeckte er am Tag vor seinem 48. Geburtstag im Mistkübel der Familie Sittich einen Kimono und fragte sich: »Warum haben die Sittichs einen Kimono, und warum zum Teufel warfen sie ihn wieder weg?«

Er nahm den Kimono mit in seine Stubb. Er zog den Kimono an und sofort spürte er eine wohlige Lendenwärme. Ein, wie er es treffend formulierte, »Stiel- und Sackglühen«. Tatsächlich stellte sein neuer Urologe Dr. Moritzl 46 Grad Celsius Penistemperatur fest. Glücklich feierte er seinen 48. Geburtstag. Am Tag nach seinem Geburtstag sah er sein Foto erneut im *Kölner Stadtanzeiger*. Daneben ein Interview mit Dr. Moritzl, das den Titel trug »Der heißeste Penis Deutschlands«. (Vgl. *Kölner Stadtanzeiger, 3.* April 1919 in der Reihe »Menschen, Tiere, Sensationen«, der Verfasser des Artikels ist nicht mehr eruierbar, sein Kürzel ist »Schw«. Vielleicht Heinz Schwamm?)

Derart gedemütigt beschloss Schnerps, seinem alten Leben zu entfliehen und eine neue Identität als Geisha anzunehmen. Aber wie? Er wusste nichts über Geishas. Ist eine männliche Geisha überhaupt denkbar? Egal, wie wohl- oder übeltemperiert das Glied ist. (Tatsächlich war der Geishaberuf ursprünglich eine männliche Domäne, vgl. Katsuhito Minusake, *Der alte Geishamann von Hiroshima,*Verlag Wasabi, Tokio, 1950, vergriffen.) Ein frivoler und sehr deftiger, keiner japanischen Tradition folgender und an Western angelehnter Roman.

In der Hellseherszene suchte er Zuflucht. Er hatte einige Telefonnummern von Hellsehern und Kartenlegerinnen von Peter Ipsbach und Georg Ulrich bekommen. Das Telefonat führte er aus der Praxis seines neuen Urologen Dr. Busch, der einen von damals gerade mal 130 Telefonanschlüssen in Köln hatte.

PETER: Mein Name ist Peter. Durch meine ererbte Sensibilität konnte ich, solange ich denken kann, feinstoffliche Dinge erkennen, die außerhalb des normalen Sehens waren. Das führte dazu, dass ich

Das Leben des Bruno A. Sauermann   93

immer in einer etwas anderen Welt des Wissens lebte. Hallo und guten Tag.

SCHNERPS: Schnerps mein Name. Ich habe ein Anliegen, wo ich nicht weiß, was möglich ist.

PETER: Was möglich ist. Da hab ich eine Bitte. Frage: Sollen wir uns duzen oder siezen?

SCHNERPS: Lieber siezen.

PETER: Ist richtig. Ich frage nur deswegen, um das richtige Maß zu finden zu Ihnen. Ja? Das Zweite. Jetzt hab ich aber eine Bitte. Ich brauch Ihr ... mein ... Ihr ... für mein Wissen, Ihr Geburtsdatum.

SCHNERPS: Ich versteh Sie nicht.

PETER: Ihr Geburtsdatum.

SCHNERPS: Wann ich geboren bin?

PETER: Ja, zu Ihrer Nähe. Ja.

SCHNERPS: 1872.

PETER: '72. Und Monat und Datum?

SCHNERPS: Genau. Ach so. 2. April '72.

PETER: Und zwar Folgendes. Da bekomme ich sofortemangs ein wenig Nähe zu Ihnen, können Sie Sich vorstellen.

SCHNERPS: Aber wir bleiben beim Sie!

PETER: Ja sicher. Ja, Sie hatten doch gesagt, das ist doch wohl mal klar.

SCHNERPS: Ja. Klar.

PETER: Nicht? Ja, das ist nun wohl sofortemangs klar. Sie sind ein Venusmann. Das ist ein ganz klarer Fall.

SCHNERPS: Das führt auch zu meiner Frage. Ich möchte Geisha werden.

PETER: Sie möchten Geisha werden. Du liebe Zeit! Sie sind ja ein sehr flotter und sehr venushafter Mann. Ein Mann der Liebe.

SCHNERPS: Aber ich möchte nicht, ich *will* als singende und tanzende Geisha tätig sein.

PETER: Ja, ist kein Problem. Sie sind ja auch sehr eigen und haben einen sehr eigenen Geschmack. Stimmt das?

SCHNERPS: Nö.

PETER: Ja, sehen Sie mal, ich weiß das von Ihnen. Sie sind ein nicht alltäglicher Vertreter, sondern Sie haben einen sehr diffizilen Geschmack und eine sehr diffizile Lebenseinstellung.

SCHNERPS: Kann ich Geisha werden?

PETER: Ja, das kann ich Ihnen sagen. Ich hab jetzt da ein wenig Nähe zu Ihnen. Ich darf den Hörer kurz ablegen, einen Moment. Ich lege die fünf Karten hin, den Rest werde ich sehen. Ich mische.

SCHNERPS: Hallo? Herr Peter? Sind Sie noch da? Herr Busch, ich höre nichts mehr. Herr Peter! Hallo!

PETER: So, da bin ich sofortemangs wieder da, hören Sie, bitte? Das ist ein etwas weiterer Weg. Der Beginn, das Sie das werden. Aber, Sie schaffen das!

SCHNERPS: Meinen Sie das geographisch? Weil Japan so weit weg ist?

PETER: Nein. Für Sie! Das geht nicht ad hoc. Bis Sie sich da reingefunden haben. Sie werden das sogar dieses Jahr noch schaffen. Ich sehe, dass Sie es im Herbst schaffen werden. Wenn Sie jetzt beginnen, werden Sie im Herbst Geisha sein können.

SCHNERPS: Ich sehe die Blätter vielleicht schon in Tokio fallen.

PETER: Wie bitte?

SCHNERPS: Ja, Moment. Dr. Busch! Ich bin bei meinem Urologen gerade. Dr. Busch. Es geht. Im Herbst!

BUSCH: Aha. Hallo. Empfangs- und sprechbereit. Dr. Busch. Köln. Apparat 23.

PETER: Guten Tag.

BUSCH: Ich habe das Gespräch nicht mitgehört, das Sie mit dem Patienten Schnerps geführt haben.

PETER: Und zwar Folgendes. Ihr Klient, nicht wahr, hat ja die Idee, er möchte Geisha werden, klar?

BUSCH: Ja.

PETER: Und ich hab ihm gesagt, dass das ein schwieriger Weg ist, auch wenn er ihn positiv beschreitet.

BUSCH: Darf ich fragen, mit wem ich eigentlich verbunden bin?

PETER: Mein Name ist Peter.

BUSCH: Wir hier neigen dazu, uns mit dem Nachnamen vorzustellen. Busch.

PETER: Ach so. Vom Möddinghof.

Das Leben des Bruno A. Sauermann

BUSCH: Herr vom Möddinghof. Sie müssten doch eigentlich wissen, dass männliche Geishas in dieser Kultur nicht vorkommen.

PETER: Das ist richtig.

BUSCH: Und es ist so, der Schnerps hat mich aufgesucht, er möchte Geisha werden und das zweite Problem, das aus meiner Sicht auch urologisch interessantere, ist die Temperatur seines Gliedes.

PETER: Ja?

BUSCH: Es stellt sich die Frage, ob man mit einem fünf Grad Celsius kalten Penis Geisha werden kann.

PETER: *Der* kann das. *Der* schafft das.

BUSCH: Auch mit dieser Penistemperatur?

PETER: Ja. Ab Herbst. Wenn er sofortemangs beginnt.

BUSCH: Es ist so, dass es schwankt bei Herrn Schnerps. Es ist zeitweise so, dass er eine sehr heiße Penistemperatur hat, bis zu 46 Grad Celsius. Was würden Sie sagen? Welche Penistemperatur wäre besser für die Geisha?

PETER: Ich denke, dass er es eigentlich ein wenig ... dass man es senkt. In Ordnung?

BUSCH: Sie meinen doch eher das kalte Glied?

PETER: Ja. Das scheint mir doch man sehr klar zu sein.

BUSCH: Ich werd das dann jetzt mal so in die Unterlagen reinnehmen. Dann könnten wir es vielleicht so machen, dass wir sein heißes Glied ... dass wir es in die Eismaschine stecken. Das ist ja wunderbar. So können wir es machen.

PETER: Ja. Er kann den Weg so beschreiten. Grüßen Sie Herrn Schnerps noch von mir? Auf Wiederhören.

BUSCH: Mach ich. Danke. Ich beende jetzt das Gespräch, indem ich auflege.

Als Eberhard Schnerps in die Brauerei »Ipsbach und Söhne und Ulrich und Söhne und Töchter« kam, saß die Tochter des Sohnes von Gulli Ulrich auf dem staubigen Boden vor der Humpenspüle und schluchzte. Schnerps war kurz davor, nach Japan aufzubrechen, er hatte nur kurz den Arbeitspass (»Apass«) und die Malochkarte (»dä Malka« oder »Machka« oder auch »Mäkä«) abholen wollen, aber sie rührte ihn. Etwas unbeholfen kniete er sich vor das dickliche Mädchen hin. Er steckte einen schmutzigen Humpen auf den Humpenstrahl.

»Komm, Mädschen. Isch erledige dir dä Humpenwäsch. Un du verzällst mir, wat los is!«

Und während der entlassene Schnerps die Humpen wusch, klagte Gullis Enkelin ihr Leid (»dä Litt«). Dass sie Bruno schon immer geliebt habe, seit sie ihn mit Schmand nackt in den Brennnesseln gesehen hatte, und was alles wäre, gäbe es die Gräfin nicht. Und sie malte sich aus, wie Bruno sie auf Händen zum Altar trüge (»auf dä Händ zum Ältär«), sie rang tränenreich nach Atem und sprach von gemeinsamen Kindern (»dä Känders«, auch »dä Pänz«) und von der Widerwärtigkeit der leisen »Hurengräfin« (»dä Hurgräff«), der »Schlampengräfin« (»dä Schlämpgräff«). Schnerps schüttelte den Kopf. Die Bleistifte bewegten sich nicht im dichten Haar.

»Lass et joot sin, Uli. Dat is, wie et is, do kannze nix don.« Da sprach die Lebenserfahrung aus dem dreißig Jahre Älteren, der dabei war, dem Schicksal zu trotzen und sein Leben in die Hand zu nehmen. So griff er nicht ein, als Uli in die Stubb ihres Großvaters ging, um sich Geld aus der Lade zu nehmen, und er hatte nichts dagegen, dass sie mit ihm nach Hamburg fuhr und sich mit dem gestohlenen Geld einen Überfahrtsschein für den Dampfer nach Tokio kaufte. Schnerps und Uli fuhren gemeinsam auf der »Prinzess Irene« von Bremerhaven nach Singapur und dann weiter nach Tokio.

Sie, um den Schmerz zu vergessen, und er, um seinen Traum wahr zu machen, Geisha zu werden. Sie ein erkaltetes Herz und er, der ehemals kälteste Penis Deutschlands, auf einem Dampfer ins Ungewisse. Nach sechs Monaten kamen die beiden tatsächlich in Tokio an. Schnerps trug schon während der Überfahrt stolz den Kimono der Sittichs und schminkte sein Gesicht mit Kreide und Magnesium weiß. Aus zahlreichen Briefen ihrer Mitpassagiere weiß man, dass das seltsame Paar Aufsehen erregte, aufgrund der umgedrehten Verhältnisse. Dass der ältere Mann die Position der Geisha hatte und nicht die junge Frau, stieß auf Verwunderung.

Das Leben des Bruno A. Sauermann

»Prinzess Irene«, 1920

In Tokio bekam Eberhard Schnerps schon nach wenigen Tagen über eine Agentur das Angebot, als männliche Geisha bei Yasohito Kobe zu arbeiten, einem homosexuellen Wasabi-Bauern aus Nagasaki. (Vgl. *Schwul durch Schärfe? Über den Zusammenhang von scharfem Essen und der sexuellen Ausrichtung anhand von Chili, Kren und Wasabi*, Edition Erzengel Gabriel, Krakau, 1987.) Polnische Wissenschaftler behaupten in dieser an den Haaren herbeigezogenen »Studie«, dass Homosexualität »angefuttert« sei. Stichwort: »Du bist, was du isst« und »Liebe geht durch den Magen«. In Polen ist dieses Buch Pflichtlektüre in den Volksschulen und seit seinem Erscheinen kommt die offizielle polnische Küche komplett gewürzlos aus.

Schnerps starb erst 1975 auf Okinawa, der Insel der 100-Jährigen, als Greisengeisha in den Armen eines Sony-Vorstanddirektors. Kurz vor seinem Tod verlangte er nach einem großen Trinkgefäß, das er waschen wollte. »Dä lätzte Humpwäsch« waren auch seine letzten Worte. Er sprach zum Schluss Japanisch mit starkem rheinischem Akzent. Eberhard Schnerps wurde 103 Jahre alt.

Uli kam am 25. April 1923 nach Europa zurück. Sie hatte fast vier Jahre in Japan gelebt. Aber wie, weiß nur sie selbst. Über ihre Zeit in

Ostasien schwieg sie bis zu ihrem Tod. Recherchen ergaben auch kein eindeutiges Bild. Es gibt Augenzeugen, die sie in einem Kabarettprogramm der japanischen Komikertruppe »Fuji Fozi« gesehen haben wollen. (Anm.: »Fuji Fozi« waren 26 Mönche, die durch stark sexuell gefärbte, derbe Kalauer aus dem Tierreich zu Beginn des 20. Jahrhunderts in der Gegend von Kyoto kleine, regionale Erfolge feiern konnten. Dass eine junge Frau aus Köln Teil dieser stark trinkenden und sich selbst mästenden Männergruppe gewesen sein soll, erscheint aus heutiger Sicht unglaubwürdig.)

Ein mit »U. Ulrich« unterschriebener Antrag auf Patentanerkennung für eine neuartige Methode, Ingwer einzulegen, deutet auf Uli hin, ist aber nicht verifizierbar.

»Loss mer jet durch Neppes jon«, sagte der mannstolle Gregor »Gulli« Ulrich und hakte sich bei Bruno unter, der inzwischen sein einziger Angestellter in der »Nassen Mütz« war, nachdem Uli und Schnerps verschwunden waren. Bruno war vor Erschöpfung kreidebleich und ausgemergelt, dazu war sein Hodensack angeschwollen, ein altes Sauermann'sches Stresssymptom. Allabendlich die bis zu 3.000 Kriegsheimkehrer mit ausgetrockneten Kehlen zu bedienen, das war auch für einen in der Blüte des Lebens stehenden, gutgebauten 17-Jährigen weiß Gott kein Kinderspiel. Bruno konnte inzwischen bis zu 27 große Eineinhalb-Liter-Humpen in jedem Arm tragen, also 81 Liter Batz pro Serviergang. Von Bommi lernte er die traditionelle afrikanische »Köppträg«, also das Jonglieren eines Tabletts mit Russenmilch, Spiegeleierlikör, »Leichenschlucken« und »Blindentran« auf dem Kopf. Bruno lief in der Gaststätte inzwischen barfuß, um zusätzlich noch acht Schnapsgläser zwischen den Zehen steckend transportieren zu können. »Doa Zechengoang«, wie er stolz seine eigene Methode nannte, die Nippeser sprachen vom »Zähenjang«.

Bis zu neunzig Liter konnte er so zu den Gästen tragen, so dass kurzzeitig wenigstens neunzig der 3.000 Gäste Ruhe gaben und nicht nach Alkohol schrien. Die Arbeitszeiten waren, wie Ipsbach und Ulrich fanden, moderat, vor allem aber den Bedürfnissen der Gäste angepasst. Die »Nasse Mütz« öffnete um 7 Uhr früh und schloss um

Das Leben des Bruno A. Sauermann

5 Uhr früh. Bruno hatte also zwei Stunden Zeit, die schmutzigen Humpen und sich selbst zu waschen. Er schlief dann von 6.35 Uhr bis 6.50 Uhr auf dem Tresen und träumte von Bommi, die er aufgrund seiner Arbeitssituation nicht mehr zu Gesicht bekam. Er wollte auch nicht, dass sie ihn bei der Arbeit besuchte, denn mit dem offenen Bademantel hätte sie die aufgeheizten Männerrunden noch mehr angestachelt und wer weiß, was dann passiert wäre? Um 6.50 Uhr trank er einen »Doppler« starken Kaffee, einen Doppelliter, den er selbstverständlich ohne Milch runterstürzte. Anschließend duschte er am Humpenstrahl heiß und schmierte sich den auf Handballgröße angeschwollenen Hodensack mit Grammelschmalz vom Feldhasen ein, ein altes bayrisches Hausmittel, das Dietrich Hans Schmand ihm täglich in die »Mütz« brachte.

»Tuats gschwollene Sackerl weh, Bua?«

»S geht scho. S tut scho weh, oba s geht scho, Onkel Dietrich Hans.«

»Gehts wirklich, Bua?«

»Jojo, s geht scho, oba s tuat scho o weh.«

»Und die Oarbeit, Bruno? S fad, oda gehts?«

»S scho fad, oba s geht.«

Dietrich Hans Schmand, der sich immer noch rührend um den Adoleszenten kümmerte, hoffte, ihm mit den allmorgendlichen Gesprächen Kraft zu geben, den harten Arbeitstag durchzustehen. Seit Monaten hatte Bruno jeden Tag gearbeitet, die Gäste bedient, die Humpen in Schuss gehalten, die Fünfhundert-Liter-Fässer Batz gerollt und eigenhändig gestapelt. Er war bärenstark geworden und gleichzeitig stand er kurz vorm Kollaps, als er am 14. Oktober 1919 sah, wie Hunderte Bierkäfer aus den Batzfässern krochen und nach Schnapsschrecken schnappten. Bierkäfer und Schnapsschrecken, zwei heute ausgestorbene Ungezieferarten, die, wenn man sie mittrinkt, zu Milzbrand und Herzversagen führen können. Ulrich und Ipsbach verständigten sofort das Hygiene- und Volksgesundheitsamt Nippes, das eine Brigade Kammerjäger entsandte.

24 Stunden lang blieb das Lokal geschlossen. Ursache für den Ungezieferbefall war ein aggressiver, grünstichiger Hefepilz, der sich

mit dem Rost des Zinns in den Humpen vermischte und so eine ideale Brutstätte für Bierkäfer bot. Passte man nicht auf, trank man schnell die kirschgroßen Käfer mit, die sich im Bier zusammenrollten und wie Cocktailtomaten wirkten, aber bei niedrigem, hohem und normalem Blutdruck zum Tode führen konnten. (Vgl. *4:9 – Die legendär niedrigsten Blutdrucke der Welt*, Albert Schweitzer Verlag, Kapstadt, 1986. Ein medizinischer Führer, der außergewöhnliche Blutdruckanomalien versammelt und analysiert. Der niedrigste jemals gemessene Blutdruck stammt übrigens von einem gewissen Hansel Beitisch, bei dem 1964 der unglaubliche Blutdruck 1:1 gemessen wurde. Hansel Beitisch fühlte sich zum Zeitpunkt der Messung »ganz gut«, starb aber 1965 in den Armen seiner Großmutter durch die Hände seiner Großmutter.)

Bruno hatte also zum ersten Mal seit Monaten frei. Am liebsten wäre er ins Schloss zu Bommi gegangen, um neben ihr einfach »zu schloafe, i woaß jo niet mea, wiaher sie dos ofüalt«. Stattdessen musste er mit seinem alten Chef spazieren gehen. Bruno fielen die Augen zu bei ihrem Bummel durchs Nippeser Eisenbahnquartier, die Lokomotivstraße entlang, durch den reizlosen Bahnwärterweg und die trostlose Kesselhausstraße, am verrotteten alten Stellwerk vorbei und der vermoderten, alten Kantine, rein in die schlammige, windschiefe kleine Hartwichstraße und das Ganze wieder zurück. Acht Stunden dauerte ihr Gewaltmarsch, der mit »Bummeln« nichts zu tun hatte. Der alte Ulrich roch nach Malz und Kölnischwasser, sein Atem nach faulen Äpfeln.

»Dä Unjeziefä kriechsse nit in dä Jriff, Bruno«, sagte Gulli, während Bruno sich vollkommen gerädert an den Schultern des Brauereitycoons anhängte und des Zuhörens nicht mehr mächtig war. Seine Ohren waren zu müde für Worte, nur vernebelt drang Gullis Stimme in seinen erschöpften Gehörgang und verschwamm in Brunos schlaffem Hirn. »Dä Bier is jiftisch un macht op lange Sicht dat Jeschäft kapott.«

Er hatte Recht. Die Kammerjäger wurden in den nächsten Wochen zu Stammgästen in der »Nassen Mütz«, dafür blieben die eigentlichen Stammgäste immer öfter aus. Die fürchterlichen Verhältnisse, verursacht durch Bierkäfer und immer größer werdende Schnapsschreckenschwärme, sprachen sich in Nippes schnell herum. Ein Übriges tat ein reißerischer Artikel im *Kölner Rundboten*:

DIE BRAUEREI DES TODES
Der Tod trinkt mit bei »Ipsbach und Söhne und Ulrich und Söhne und Töchter«. Im letzten Monat häuften sich mysteriöse Todesfälle in der ehemals beliebten Gaststätte »D nasse Mütz«. Für den Amtspathologen Dr. Moritzl sind die verheerenden hygienischen Zustände verantwortlich für die 47 Leichen des letzten Monats, die aus dem Lokal getragen werden mussten. Verschluckte Bierkäfer sondern im Körper des Trinkers, so Dr. Moritzl gegenüber dem *Kölner Rundboten*, das Nervengift Pfichnin ab, eine hochgiftige Substanz, die man auch im Kot von Leichenwürmern findet. Aus ärztlicher Sicht sei von einem Besuch des Lokals dringend abzuraten, da mittlerweile die ganze Bude von einem dichten Käferteppich überzogen sei. Vier überforderte und bemitleidenswerte Kammerjäger mussten allein gestern ihr Leben in den Pfichnindämpfen lassen. Wann wird die todbringende Bierschwemme endlich geschlossen?
(In: Archiv des *Kölner Rundboten*, Morgenausgabe vom 22. März 1920. Verfasser war ein gewisser »Hans Schwamm«. Tatsächlich steckt hinter diesem Pseudonym der Brauchtumsjournalist Heinz Schwamm.)

Der Skandal war perfekt. Schon zur Mittagszeit formierte sich eine wütende Menschenmenge, die Steine und brennende Fackeln auf die Gaststätte warf. Drohend riefen sie im Chor:»Fünfzig Bierleichen auf dem Gewissen, Ipsbach und Ulrich solln sich verpissen!«
Fast 5.000 Alkoholiker demonstrierten torkelnd auf der Straße vor ihrem ehemaligen Stammlokal. Eine riesige Schnapssmog-Wolke vernebelte den Stadtteil. (Vgl. *Dutschkes schlechter Atem – Der Mundgeruch der 68er*. Ein internes Zukunfts- und Strategiepapier der Firma

102   *Debilenmilch*

Odol aus dem Jahr 1969. Produktmanager stellen in dieser Schrift die These auf, dass der schlechte Atem laut skandierender Menschenmassen dazu führt, dass Nichtdemonstranten sich angewidert abwenden und die Anliegen der Demonstranten so nicht unterstützt werden. Odol erhoffte sich durch das Mundspray »Demo Plus« enorme Verkaufszahlen. In einem nie veröffentlichten Werbespot sieht man Ho Chi Minh, Che Guevara und Uschi Obermaier zuerst Knoblauchbrot essen und dann lauthals demonstrieren. Daraufhin fallen in dem Spot Hunderte Statisten um. In diesem Moment kommt Fidel Castro auf einer »Gute-Atem-Wolke« angeflogen und sprüht den dreien »Demo Plus« in den Mund. Fidel Castro spricht dazu mit starkem spanischem Akzent den Off-Text: »So riecht die Revolution – Demo Plus.« Die ohnmächtigen Statisten werden wieder wach und ballen die Faust, Castro zwinkert in die Kamera. Das Mundspray »Demo Plus« kam jedoch nie auf den Markt, weil die gesamte Odol-Führungsetage beim Lachsangeln in Norwegen ums Leben kam.)

Auch die beiden Revolutionäre Spoen und Spieber standen mit ihrem Transparent inmitten der aufgebrachten Menge. Auf dem Transparent stand:

DIE PARTEI DER RADIKALEN MITTE FORDERT KEINE KÄFER MEHR IM BIER, BITTE!!

Die Stimmung wurde immer schlechter und feindseliger. Immer mehr brennende Fackeln schlugen ins Holzdach der »Nassen Mütz« ein, direkt in die kleine Stubb von Ipsi Ipsbach und Gulli Ulrich, die sich da oben zu Tode ängstigten, während Bruno sich unten durch die Käfer kämpfte und versuchte mit Batz das gröbste Feuer zu löschen. Ausnahmezustand. Die Schnapsschrecken flogen in seine Haare und Ohren, brennende Bierkäfer nagten an seinen Beinen und dem unfassbar angeschwollenen Hodenstresssack. Plötzlich hörte Bruno eine laute, vertraute Stimme. »Kackschiet und Snabelfotz«, brüllte Friez Stamml und ohrfeigte zuerst Spoen und Spieber von der Straße und beruhigte dann die Massen.

Das Leben des Bruno A. Sauermann

»Snauze jetz, ihr Biergefotze! Dit is nu sluss un bringt ja nu mann gor nitz. Na hus, je Deppenfotz. Dat Demo is nu to end, Kackschiet, watn ordentlichen Drinker is, der witt, wann et titt is to gon!« Friezens Stimme und sein selbstsicheres Auftreten schüchterten die wütenden Trinker ein, sie ließen die Köpfe hängen und trollten sich nach Hause, während die Flammen weiter aus der »Nassen Mütz« loderten. Ildikó, Bommi und Schmand waren inzwischen mit Eimern herbeigeeilt und löschten das Feuer, so gut es ging. Während sie Eimer um Eimer im nahen Rhein mit Wasser füllten, spielte sich im oberen Stock ein Drama ab. Sie hörten einen Schrei, dann Stille, dann ein langes Wehklagen. Und Gulli Ulrich kam mit dem toten Ipsi Ipsbach im Arm tränenüberströmt nach draußen. Peter Ipsbachs Herz hatte den Aufregungen nicht standgehalten. Oder waren es die Bierkäfer, die sein Herz versagen ließen? Die Bierkäfer, die immer zahlreicher aus dem brennenden Holz krochen und aus den Humpen, die einen ohrenbetäubenden Lärm machten und nach den Löschern schnappten? Vor lauter Käfern sah man das Feuer fast nicht mehr. Es war der Umsichtigste von allen, Dietrich Hans Schmand, der am Boden liegende Fackeln nahm und die »Nasse Mütz« erneut entzündete.

»Woasher mochstn do, Onkel Dietrich Hans? Spinnst?«, schrie Bruno, dessen Hodensack zu platzen drohte. Ja, waren denn jetzt alle übergeschnappt?

»Bua, dös hot ollas koan Sinn mehr. Die Trinkstuabn is hi. Si is hoibert obrennt, hoibert stehts unta Wossa und überöi sant Kaffa. Bierkaffa. Vergessts es bessa!«

Fassungslos sah Bruno ihn an. Gulli legte seinen toten Kompagnon vorsichtig auf die Straße und nahm dann auch eine Fackel in die Hand.

»Dat tut mir litt, Ipsi. Dat tut mir allet so litt«, sagte er tonlos und warf die brennende Fackel auf das, was früher »D nasse Mütz« gewesen war.

Es dauerte viele Wochen, bis Brunos Hodensack wieder auf Normalgröße geschrumpft war. Er duschte oft und sehr heiß. Das Wasser musste mindestens 65 Grad haben, genau wie der Kaffee, den er sich nach dem Bad literweise zubereitete. Duschen und Kaffeetrinken, seine Art, mit der Depression fertigzuwerden, die sich nach dem tragischen Ende der »Nassen Mütz« bleischwer über sein junges Gemüt gelegt hatte. Er schlief bis zu zwanzig Stunden täglich und langsam kam er wieder zu Kräften. Bommi vollbrachte wahre Wunder in seiner Pflege. Sie verabreichte ihm afrikanische Heilmittel: zerriebenen Schimpansenpenis, gestoßene Ziegenlocken und »Antilopenbrach«, das Erbrochene einer Antilope, das in Köln nur sehr schwer zu beschaffen war, aber bei Gewichtsverlust und Erschöpfungszuständen sehr gut wirkte. Dreimal am Tag ein Esslöffel »Brach« und man nimmt gleichmäßig zu, sofern man das Essen bei sich halten kann. (Vgl. *Praxis Doktor Dschungel – Medizin aus dem Urwald*, Tutu Verlag, Kinshasa, 1998. Ein auf Kisuaheli verfasster Ratgeber des Schamanen N'gudu N'gada. Nach eigenen Angaben ist N'gada 375 Jahre alt, was allerdings von westlichen Schulmedizinern angezweifelt wird. N'gada empfiehlt, ganz auf Wasser zu verzichten und stattdessen sein eigenes Blut zu trinken. Ansonsten schwört der Schamane auf Ham & Eggs.)

Dietrich Hans Schmand kam regelmäßig ins Schloss, um Bruno Gesellschaft zu leisten und ihm Bücher zu bringen. Leichte Literatur, die noch heute im Nachlass zu finden ist. Sogenannte »Kaffee-Krimis« von Frank Huhn:

– *Das Cappuccino-Komplott*. Ein »Thriller«, der in Würzburg spielt und keine Handlung hat, dafür aber eine einzige ellenlange Landschaftsbeschreibung ist. Auf zähen 380 Seiten wird ein Kleingarten in Würzburg beschrieben. (Schreberverlag, 1909)
– *Mokka-Mord im Schrebergarten*. Ein nur drei Seiten dicker »Roman«, dessen Titel in die Irre führt. Denn *Mokka-Mord im Schrebergarten* ist eine stark gekürzte Fassung des *Cappuccino-Komplotts*. (Schreberverlag, 1910)
– *Cappuccino-Mord im Schrebergarten* ist der dritte und umfangreichste Band der Huhn'schen Trilogie und verbindet *Das Cappuccino-Komplott* und den *Mokka-Mord im*

Schrebergarten zu einer einzigen Geschichte auf insgesamt 383 öden Seiten. (Schreberverlag, 1911)

(Anm.: Frank Huhn, übrigens ein sogenannter »Lochschwager« von Frank Wedekind, beklagte zeitlebens [1871–1912] die geringe Wertschätzung, die seinem literarischen Gesamtwerk zuteil wurde. Immerhin wurde posthum die Biotonne einer Würzburger Schrebergartensiedlung nach Frank Huhn benannt. Die »Frank-Huhn«-Tonne fasst zweihundert Liter.)

»Gfallens dir, die Biacheln, Bruno?«

»Jo, scho, Onkel. Oba fad sands o.«

»Ja, Sakkra, Bua, sie san scho fad, gell? Oba gehts? Oder fei net?«

»S geht scho. Oba fad, fad sans scho o!«

»Ja, i woaß, Bua. Fad sans, die Biacheln. Oba i wolltert dir nix bringa, wos di aufregt, gell?«

»Danke, Onkel, aufregend sans wirklich net.«

Dietrich Hans Schmand zwinkerte seinem Stiefsohn zu, griff in seine Sakkoinnentasche und zog einen Brief heraus, auf dem eine österreichische Briefmarke klebte. Die Burg Forchtenstein war das Motiv.

»Oba dos is aufregend, Bruno!«

»Woasher isn dos, Onkel Dietrich Hans?«

»Lies, Bruno. Lies dos Briaferl!«

Bruno las den Absender. Werner Voelcker, Schwarzenbergplatz 4, 1010 Wien, Republik Österreich. Ach, war Österreich inzwischen auch eine Republik? Und deren Kaiser, war der wohl auch in Holland? Bruno öffnete den Brief und begann zu lesen:

Lieber Dietrich Hans,
gern nehm ich den Buam unter meine Fittiche und mach aus ihm einen gstandenen Kaffeesieder und Kaffeeröster.
Hänget die Debilenmilch!
Dein Mokkassin Werner

Dietrich Hans Schmand hatte seine Beziehungen spielen lassen und Bruno eine neue Lebensperspektive in Wien ermöglicht. Eine Ausbildung bei Werner Voelcker, dem Besitzer von »Voelcker-Kaffee« und einer der führenden Kaffeekoryphäen Österreichs. Trotzdem wusste Bruno nicht, ob er sich freuen sollte. Seine Erinnerungen an Wien waren nicht die besten. Es waren deprimierende Tage gewesen im »Hotel Kummer«. Aber in Köln erwartete ihn gar nichts mehr. Ipsbach war tot, der alte Ulrich lag mit Nierenversagen, Milzbrand und Herzinfarkt im »St.-Lederstrumpf-Krankenhaus«, Udo Ulrich, Ulis Vater, der sich mittlerweile zum Chef von »Ipsbach und Söhne und Ulrich und Söhne und Töchter« bestimmt hatte, sah sich außerstande, Bruno weiter zu beschäftigen, »dat Janze is ja affjebrannt und för dä Käfers brauch isch keine Mitarbeiter«. Auch das freundliche Angebot von Ildikó Turkman, einmal im Monat im Quallenmuseum auszuhelfen, war nicht verlockend. Also doch Wien? Zumal Bommi sofort begeistert war, denn in Wien hatte sie adelige Verwandschaft, Vettern zweiten Grades, die in der prachtvollen Herrengasse im »Palais Spechtl« residierten. Fünf komplett degenerierte Prinzen, die ohne Muskelgewebe auf die Welt gekommen waren und den ganzen Tag nur nackt auf dem Marmorboden herumkugelten. Prinz Poldi, Prinz Alfons, Prinz Purzl, Prinz Rudi und Prinz Seppi. Alle fünf waren sehr reich, aber von der Republik Österreich voll entmündigt worden. Der Wiener Zweig derer von Spechtl hatte seit dem Mittelalter mit Rosinen ein unfassbares Vermögen angehäuft, aber schon die Eltern der Prinzen, Fürst Georg »Schurl« von Spechtl und Fürstin Edith (»die Blade«), hatten nur mehr täglich Bonbon-Bälle veranstaltet und galten in der Wiener Gesellschaft als Schießbudenfiguren. Die Wiener Straßenkinder sangen damals: »Hearst, die Spechtls, die san so deppert, da hearst, wies im Schädel scheppert!« Schurl von Spechtl und Edith, »die Blade«, starben bei einem Unfall in der Spanischen Hofreitschule, als sechs Lipizzaner ins Publikum galoppierten und wahllos um sich bissen.

Die fünf Prinzen waren wie Bommi Vollwaisen und hatten so wie sie auch nur sechs Zähne. Dazu waren sie haarlos, hatten streichholzköpfchengroße Hoden und Penisse in der Größe von Silber-

Das Leben des Bruno A. Sauermann

fischchen. Sie konnten nicht reden, nur lachen. (Vgl. *Prinz Peinlich –
Leben ohne Hirn. Das vertrottelte Leben von Prinz Purzl von Spechtl*,
nachgezeichnet von Klaus Nüchtern, Falter Verlag, 2005.)

So sagte Bruno also schweren Herzens Köln Adieu und fuhr mit
Bommi im Orientexpress nach Wien. Schmand hatte ihnen den
Fahrschein erster Klasse geschenkt. Aber es wurde ein Höllentrip.
Die Fahrt dauerte 83 Tage, weil bayrische Extremisten bei Würzburg
den Zug mit einem künstlichen Hochwasser stoppten. Der Zug verschwand vollständig in den Fluten und zweihundert bis an die Zähne
bewaffnete Berchtesgadener Hopfenschützen unter Führung von
Louis Mühsam (dem Bruder des Anarchisten und Schriftstellers
Erich Mühsam) tauchten in die Wagons und überwältigten nach hef-
tigem Kampf zuerst die Kinder und dann die Alten und Kranken,
schließlich gewannen sie nach langen Minuten unter Wasser die
Oberhand über den Orientexpress und verschwanden mit dem ganzen Zug auf einer mit Stroh getarnten Nebenstrecke. (Vgl. *Dive by
Shooting – Geiselnahmen unter Wasser.* Eine komplette, krimininalis-
tische Bestandsaufnahme aller Verbrechen unterhalb des Meeres-
spiegels: Tricktauchdiebe im Indischen Ozean, Vergewaltigungen
im Mittelmeer, Kidnapping am Kap der Guten Hoffnung und Wirt-
schaftsverbrechen im Mariannengraben. Ein monumentales Stan-
dardwerk von Hans Liebe, 1956–1972, der mit seiner Unterwasser-
kamera viele Kapitalverbrecher in flagranti ertappt und auf Zelluloid
festgehalten hat. Sein zweites Buch *Flossen hoch!* ist vergleichsweise
enttäuschend und verkaufte sich weltweit nur mehr 1,8 Millionen
Mal. Hans Liebe erschoss sich übrigens 1972 mit einer Harpune zusammen mit einem Hammerhai vor den Keys in Florida.)

Die bayrischen Extremisten wollten mit dieser brutalen Geisel-
nahme auf ihre Anliegen aufmerksam machen. Ihr Forderungska-
talog umfasste 4.000 Punkte, die alle innerhalb von achtzig Tagen zu
erfüllen waren, sonst würde der ganze Zug in die Luft gejagt. Hier
nur die tausend wichtigsten Punkte:

1. Wiedereinsetzung seiner Königlichen Hoheit Rupprecht Maria Luitpold Ferdinand Kronprinz von Bayern, Herzog von Bayern, Franken und in Schwaben, Pfalzgraf bei Rhein zum König der Bayern. (Rupprecht, 1869–1955, war ein Sohn von Ludwig III., 1845–1921, mit dessen Absetzung 1918 die 738 Jahre währende Herrschaft der Wittelsbacher-Dynastie endete. Ludwig I. war Otto I., 1848–1916, auf den Thron gefolgt, der sich in der Amtsführung aufgrund fortgeschrittener Geisteskrankheit schwertat und schließlich an einer Darmverschlingung wegen schlechter Ernährung verstarb. Er hatte versucht, Kokosnüsse im Ganzen zu essen.)

2. Erschießung aller Evangelen, Protestanten, Lutheraner »und wie sie sich alle schimpfen«!

3. Sofortige Freilassung des bayrischen Extremisten Helmut Moosbacher, Metzgermeister aus Reit im Winkl. Moosbacher saß in Landshut in Kerkerhaft, weil er einen ortsbekannten Veganer auf der Straße mit der bloßen Faust erschlagen und dann sexuell missbraucht hatte. Ebenfalls mit der bloßen Faust. (Vgl. *Fisting in Bavaria. Ein reizender Sexführer für Anfänger und Ortsunkundige,* S. 69 ff., Edition Halsband, München, 2004.)

4. Wiederaufnahme des Ersten Weltkriegs oder sofortiger Beginn eines Zweiten Weltkriegs, diesmal aber gegen Preußen.

5. Ein Brunnen für Kaufbeuren. Mit Engerln, die Wasser speiben.

Die Punkte 6 bis 1.000 beinhalteten Forderungen nach weiteren Verschönerungsaktionen für bayrische Gemeinden. Efeuranken fürs Rathaus in Bad Tölz, Gartenzwerge für den Bahnhof in Rosenheim, Bänke zum Verweilen vorm Amtsgericht in Traunstein usw. Bei den 3.000 restlichen Forderungen ging es ausschließlich um Geld.

Die Münchner Staatsregierung blieb hart und weigerte sich, die Forderungen komplett zu erfüllen, bot aber einen Kompromiss an:

die Freilassung von Helmut Moosbacher oder die Anschaffung eines Gartenzwerges für den Bahnhof von Rosenheim. Die bayrischen Extremisten willigten ein und entschieden sich für den Gartenzwerg. Der Metzger wurde enthauptet und die Geiseln im Orientexpress konnten ihre Fahrt endlich fortsetzen. Bruno war von den Terroristen gut behandelt worden; da er durch Dietrich Hans Schmand des Bayrischen mächtig war, hatte er die ganze Zeit über als Dolmetscher fungiert und sich überhaupt gut mit ihnen verstanden. Da die Berchtesgadener Hopfenschützen täglich in der Früh Weißwürste mit Senf und Brezeln aßen, erzählte Bruno ihnen von dem Rezept für süßsaure Brezeln von seiner Großmutter, »Mutti« Sauermann. Er hatte die Oma ja nie kennengelernt, aber das Rezept kannte er natürlich auswendig. Den Anarchisten schmeckte es vorzüglich und noch heute isst man in Berchtesgaden Brezeln nach Lübecker Art.

Am 23. November 1922 rollte der Zug endlich in Wien ein. Er hatte 82 Tage Verspätung und rangiert damit im Mittelfeld der ewigen Verspätungstabelle der Österreichischen Bundesbahnen.

»Träger, bitte!«, rief Bruno am Bahnsteig. Ein schlurfender, offensichtlich angetrunkener Gepäckträger schaute kurz auf und murmelte: «Schleichts eich, schleppts eiern Schas söba, es Trottln!« Das goldene Wienerherz hatte Bruno wieder und ihm wurde bewusst, warum er diese Stadt so hasste. Also schleppten sie ihr Gepäck allein aus dem Westbahnhof. Es regnete in Strömen, auf der Mariahilferstraße fragten sie nach dem Weg. »Herr Gendarm, Herr Gendarm, woaher isn do Weg zum ›Palais Spechtl‹ in der Herrengasse, bittc?«, fragte Bruno einen Polizisten, der gerade dabei war, einem Obdachlosen einen Fußtritt zu geben. »Mia do wuascht, du gschissener Piefke, und jetzt haust die üba d Häuser oder soll i di und die Braut hamdrahn?«

Der Aufstieg einer Kaffeerösterlegende

Sie fühlten sich nicht willkommen und brauchten zwei weitere Tage, bis sie das Palais endlich fanden. Es war das prachtvollste Gebäude, das Bruno jemals gesehen hatte. Dagegen war die Schmand-Villa ein Baumhaus und Versailles ein Gemeindebau. Das ganze Gebäude war mit goldenen Rosinen verziert. Sie klopften an die sieben Meter hohe Flügeltüre aus drei Meter dickem Eichenholz.

»Palais Spechtl«, 1921

Nach einer weiteren Stunde öffnete sich knirschend die Tür. Ein hünenhafter livrierter Diener mit einem wilden Bart und zerfurchtem Gesicht stand vor ihnen. Er sprach breitestes Tirolerisch. »Griaß enk im ›Palais Spechtl‹. Die Prinzen erwarten enk schon!« Hinter ihm lagen die fünf Prinzen zu einem Menschenknäuel verwoben auf dem goldenen Perserteppich im marmornen Foyer und hatten kaviarverschmierte Münder. Alle fünf waren nackt und um die vierzig, soweit Bruno das beurteilen konnte, denn bei Haarlosen ist es schwerer, das Alter zu schätzen. Alle fünf trugen Fuchsfellwindeln, die augenscheinlich zum Bersten voll waren. Sie winkten schlaff und kreischten vor Freude. Bruno erschrak beim Anblick von Bommis Cousins. Sie erinnerten ihn an Ildikós Qualle. Durchsichtig und matschig. Bommi aber hatte keine Scheu, sie lief zu ihnen, herzte sie und gab jedem acht Wangenküsse, wie es in der Familie derer von Specht und Spechtl seit Jahrhunderten üblich war.

Bommi bemerkte sofort, dass Bruno sich als Bürgerlicher mit der Adelsetikette schwertat, und so zogen sie vorübergend wieder ins »Hotel Kummer«, das Bruno ja noch von seinem früheren Aufenthalt kannte. Die nächsten Tage dienten der Entspannung und dem Kennenlernen der neuen Stadt. Werner Voelcker höchstpersönlich bot sich als Führer an. Zuerst wurden die berühmtesten Kaffeehäuser Wiens abgeklappert. Das »Café Central«, der »Bräunerhof«, das »Café Engländer«, das »Prückl«, das »Landtmann«. In Wien gab es in den zwanziger Jahren über 68.000 Kaffeehäuser. In allen saßen qualmende, mürrische Gäste, die von qualmenden, mürrischen Obern bedient wurden. Die Leute saßen oft wochenlang bei einem »Kleinen Braunen«. Teils aus Geiz, teils aus Desinteresse der Kellner, die lieber hinterm Tresen qualmten, als zu bedienen. Wien war stolz auf seine vielen verschiedenen Kaffeezubereitungsarten. Der »Kleine und der Große Schwarze«, der »Einspänner«, der »Kapuziner«, der »Fiaker«, der »Obermayer«, der »Sperbertürke«, der »Überstürzte Neumann« usw., usw. Annähernd zweihundert verschiedene Arten, einen Kaffee zuzubereiten. Bruno, seit frühester Kindheit an Kaffee gewöhnt, war fasziniert. Sein Lieblingscafé wurde das »Café Zuckergoscherl« auf der Landstraßer Hauptstraße, wo er jeden Morgen vor der Arbeit zwanzig bis dreißig doppelte »Große Schwarze« runterspülte, sehr zur Verwunderung von Ober Branko, der schon viele Gäste durch Kaffeeinfarkt verloren hatte und solche Mengen bei einem einzelnen Menschen nicht für möglich gehalten hätte. Der lauffaule Ober ging dazu über, Bruno den Kaffee in Krügerln zu servieren, Halbe-Liter-Humpen. Von denen trank er zügig zuerst fünf auf ex und in den nächsten zwanzig Minuten noch mal zehn »auf Genuss«, wie Bruno es ausdrückte. (Vgl. *Das Guinness Buch der Rekorde*, Band 7, S. 105. Der Slowake František Zuber hält den Weltrekord im Wettkaffeetrinken, den er am 8. Juni 1996 in Bratislava aufstellte. Zuber trank innerhalb von sechs Stunden 54 Liter slowakischen Espresso, was seinen Puls kurzzeitig auf 412 Schläge pro Minute trieb. Der damals 86-jährige Zuber starb noch während der Preisverleihung bei einer Messerstecherei.)

Das spätere »Café Zuckergoscherl«, hier noch als Motorradverleih Joh. Willi, ca. 1915

Im »Zuckergoscherl« packte er dann das ungewöhnliche Frühstück aus, das Bommi ihm zubereitete. Zu den Unmengen an Kaffee aß er täglich Gnueintopf nach rheinischer Art mit Rosinen, Essig und Pumpernickel. Dann ging er zur Arbeit in die Voelcker-Rösterei. Das Packhaus, das Kontor und der Röstraum von »Voelcker-Kaffee« befanden sich unweit der Landstraßer Hauptstraße in der Rabengasse 9 neben dem Rabenhoftheater, das heute noch in dem riesigen Gemeindebau existiert und unter der Leitung des Intendanten Thomas Gratzer zu einem reinen Puppentheater wurde. Ein Besuch lohnt sich sicher, allerdings nur, wenn Sie sich für Handpuppen interessieren.

Werner Voelcker saß ab 6 Uhr morgens in der Probierstube und verglich Mocambo-Brasilia-Bohnen mit Columbiabohnen, die er sich

Das Leben des Bruno A. Sauermann

von tschechischen Verleserinnen reichen ließ. Durchs Fenster zum Innenhof sah man Dutzende in Tücher gewickelte, schwer arbeitende Indios, die im Schnee kauernd Bohnen verlasen und Säcke schleppten. Brunos Aufgabe bestand darin, im Röstraum die Kaffeesäcke zu überprüfen, die von drei Hamburger Firmen geliefert wurden:»Bohlen & Behn«,»Hammer & Andersen« und»B. Rathfos«. Die Bohnen kamen aus Venezuela, Costa Rica und Brasilien, aber in den sechzig Kilogramm schweren Säcken fand sich viel Unrat: Metallstücke, Steine, Papier und Pappe. Bruno trennte das wertlose Zeug von den wertvollen Bohnen der Sorten»Gold« und»Rot«. Oft blieben pro Sack nur zwei Kilogramm Kaffee übrig, die auf seiner Messingwaage lagen. Aus dem Rest wurde zusammen mit Mais und Gerste sogenannter»Muckefuck« für Frauen gemacht. Vor dem Zweiten Weltkrieg tranken Frauen keinen Kaffee, weil ihnen das berühmte »Langhansl-Enzym« fehlt, das der Körper braucht, um das Koffein verarbeiten zu können. Man spricht davon, dass das Koffein sich im Körper vorsichtig»entlanghansln« muss, sonst kann es zu sogenannter»West-Ost-Eoporose« führen, einem Infarkt des Orientierungssinns im Gehörgang und im Gehirn, der bei vielen Frauen auch heute noch zu beobachten ist.

Bruno ging vollkommen in seiner Arbeit auf. Das war viel interessanter als das ständige Humpenwaschen in der»Nassen Mütz«. Er verschlang regalweise Literatur zum Thema, um sich weiterzubilden. Besonders liebte er die Werke *Kaffesud gut – alles gut* und *Die Drei-Tassen-Gesellschaft*, beides Frühwerke von Emmy Schulze-Wettendorf vor dem Brocken Mackenbrock, der Grande Dame der Wiener Kaffeehausliteratur, erschienen im Schnupfenverlag, Wien. Werner Voelcker gefiel sein wissbegieriger Lehrling.»Vier Jahre, net woar, Bruno, vier Jahre sorgfältigste Pflege, gell, net woar? Nach vier Jahren, net woar, Pflege, nicht? Nach vier Jahren Feuchtigkeit und Wärme, nicht? Net woar? Nach vier Jahren Halbschatten und ein bissl Sonne, nicht, lassen sich von den Zweigerln der Arabica ..., gell? Und Robustastraucherln, gell? Nicht? Net woar? Knallrote Beeren ernten, net woar? Nicht? Gell? Die auf eine strahlend weiße Blüte folgen.«

114   *Debilenmilch*

Bruno schrieb alles auf, er hatte sich ein Heft gekauft, auf dem
»Kaffee« stand. Hier notierte er alles, was der Connaisseur Voelcker
ihm über den Beruf erzählen konnte.

»In der Mitten, net woar, Bruno, nicht? Inmitten dieser schmalen
Blütenblätterln, gell, fünf sans, fünf Blätterln, gell? Nicht? Inmitten
dieser Blättchen reifen schnell, in kürzester Zeit und großer Rasanz,
gell, nicht? Bruno? Net woar? Zwei gelbliche Bohnenhälften heran,
umhüllt von einer roten Schale, schau, gell, nicht? Na, gspürst du,
wie fleischig die Schale ist? Gell? Bruno? Nach der Ernte werdens
gwaschen, gell? Dass die Schale sich löst und dann werdens unter
ständigem, unaufhörlichem Wenden an der lieben Sonne getrock-
net, Bruno, gell? Und dann, net woar, und dann? Nicht? Voilà, die
fertige Bohne!« Und er präsentierte ihm triumphierend eine Bohne.
»Und, Bruno? Was ists für eine Röstung?«, stellte Voelcker ihn auf
die Probe.

»Helle Röstung, Herr Voelcker.«

»Brav, Bruno. Nicht? Net woar? Gell?«

Während Bruno zu einem formidablen Kaffeeröster heranwuchs,
fühlte Bommi sich vernachlässigt. Ihr war langweilig in Wien, auch
weil sie kein einziges Interessengebiet hatte. Mit offenem Bademantel schlenderte sie ziellos durch die engen Gassen der Stadt, begleitet von den fünf Prinzen, die in einem reich verzierten Gitterwagen saßen, den ihr Tiroler Diener schob. Die fünf Prinzen lachten
und kugelten in dem Wagen auf dem Kopfsteinpflaster wild herum.
Passanten winkten ihnen zu. »Schauts die Prinzen«, riefen sie. »Die
Spechtls, schauts, küss die Hand, Prinz Alfons, gschamster Diener,
Prinz Poldi, Gott zum Gruß, Prinz Purzl, Servus, Prinz Rudi, und
habe die Ehre, Prinz Seppi!« Die Wiener verbeugten sich oder machten einen Knicks, die Prinzen waren eine Schau und so etwas wie die
Maskottchen des damaligen Wien.

Sie besichtigten gemeinsam die wichtigsten Sehenswürdigkeiten.
Die Pestsäule und den Cholerabrunnen, der im Zweiten Weltkrieg
zerstört wurde. Schloss Schönbrunn, den Koloss von Rhodos, der
von 1919 bis 1931 in der Marxergasse neben der Pferdefleischhaue-
rei »Gregor Mittermayr und Nachf.« stand, das Foltermuseum und

Das Leben des Bruno A. Sauermann   115

den Naschmarkt, in der Zwischenkriegszeit Europas einziges Frei-
luftbordell. (Vgl. *Im Samen des Herrn*, Verlag 666, Augsburg, 1933, Verfasser N. N. Die legendäre Pufftour der Augsburger Pfarrer Schmidt,
Schulz und Lübbke, die 1921 innerhalb von 48 Stunden insgesamt
19-mal wegen »sexueller Erregung öffentlichen Ärgernisses« und der
»Zurschaustellung primärer, sekundärer und tertiärer Geschlechts-
merkmale« angezeigt wurden. Der für die drei allzu fidelen Theolo-
gen zuständige Augsburger Kronkardinal Erwin erschoss sich aus
Scham durch fünf gezielte Schüsse in den Hodensack. Insgesamt ein
dunkles Kapitel der Augsburger Kirchengeschichte.)

Bommis Lieblingssehenswürdigkeit war das Riesenrad im Prater.
Aus Langeweile fuhr sie täglich mehrere Stunden, die Prinzen mit
dem Tiroler waren immer dabei und freuten sich bei jeder Fahrt aufs
Neue, als wärs das erste Mal. Sie hatten nicht das geringste Erinne-
rungsvermögen, aber bei ihnen war nicht Alzheimer der Grund dafür, sondern schlicht Dummheit. Sie hüpften in der Gondel wild herum und klopften auf die Scheiben, kullerten gegen den Ausstieg, ver-
hielten sich wie irr. Immer wieder hatten Bommi und der Diener den
dummen Prinzen gesagt, dass sie sich nicht zu weit aus dem Fenster
lehnen sollten, »sonscht picken die Prinzen am Boden und ham sie
des Gnack brochen«, beschrieb der livrierte Tiroler anschaulich ihr
mögliches Schicksal, wenn sie nicht Acht geben würden.

Der 24. April 1925 war ein sehr windiger Tag. Die Gondeln des
Riesenrads schlenkerten heftig, auch das Riesenrad selbst wankte
ein wenig. Hüte flogen in die Luft und Zuckerwatte wehte aus dem
»Würstel-Prater«, sogar Bratäpfel und Bierflaschen flogen im Sturm
wie Luftballons.

Die aufgekratzten Prinzen schrien vor Vergnügen, das wilde Ge-
schaukele gefiel ihnen außerordentlich. Prinz Poldi krabbelte zum
Fenster, um mit seinen kraftlosen Armen herauszuwinken. In diesem Moment kam eine besonders starke Windböe und der Prinz
drohte das Gleichgewicht zu verlieren. Geistesgegenwärtig sprang
Bommi hinterher, um ihren Cousin vor dem Todessturz zu retten.
Dabei stolperte sie über den quietschenden Prinzen Alfons, der wieder mal Durchfall hatte. Sie versuchte noch, sich an der schwitzen-

den Glatze von Prinz Purzl festzuklammern, rutschte aber ab und stürzte mit offenem Bademantel 35 Meter in die Tiefe.

Sie schlug neben der Staffelei eines Witzezeichners für Touristen aufs harte Gras. Bomhilde Agathe Karate Sophia Beatrix Marianne Karl Viola Siebengunde Waltraud Gräfin von Specht, Freifrau zu Nippes lag auf der Wiese mit zerschmettertem Körper und flüsterte leise. Der geschockte Witzezeichner beugte sich zu ihr herab und hielt sein Ohr ganz dicht an ihren Mund. Ihre letzten Worte waren: »Das Pferd singt dem Toten nichts.«

Die Beisetzung fand auf dem Wiener Zentralfriedhof statt. Bommi wurde im Familienmausoleum derer von Spechtl beerdigt. Die Prinzen nahmen in einem mit schwarzem Pelz ausgekleideten Trauerwagen an der Zeremonie teil. Zumindest diesmal lachten sie nicht, ahnten den Ernst der Lage. Friez Stamml hielt auf Brunos Wunsch die Grabrede. Die leiseste Frau der Welt sollte von dem lautesten Mann der Welt verabschiedet werden. Friez wartete lange, bevor er begann. Es war mucksmäuschenstill, dann zerriss seine unglaublich laute Stimme die Ruhe. »Kackschiet un Snabelfotz«, schrie Friez in den Wiener Himmel, so laut, dass einige Grabsteine wackelten:

Ich will nu, dat je de Pfote falte voor dit junge Deern hee, voor de Bommi, die nu viel zu fru ausn Fenster fiel uus de Gondelfotz, weil een, Kackschiet, ewwe nit leeve Gott se to sick riefen wullt. Se is nur 23 Joor worden. Bommi, ick ruf dir to: denn man tau un immer een Ssiffsbreit Water onterm Kiel. Omen.

Werner Voelcker, der eine hübsche Singstimme hatte, gab dem »Zupfhansl-Quartett« ein Zeichen und mit Gitarre, Zither und Akkordeon begleiteten die Heurigen-Musiker den Kaffeeröster:

Wann i amoi stiab, stiab, stiab,
Miassn mi d Fiaker trogn
Und dobei d Zither schlogn,

Das Leben des Bruno A. Sauermann

Woi i des liab, liab, liab.
Jo, i woar meiner Seel
Allweil fidel.

Dietrich Hans Schmand, der wieder sein froschgrünes Trauergewand trug, spielte auf einer Mundharmonika die »Glühbirnen-Polka« und sein Blauhaar jaulte dazu in die Abendsonne. Ildikó schritt feierlich mit der Qualle im Arm an den offenen Sarg und schüttete den Inhalt ihrer Handtasche hinein. Ab jetzt roch die Beisetzung nach gerösteter Leber mit Zwiebeln.

Bruno war überrascht, dass sogar die »Partei der radikalen Mitte« einen Kranz geschickt hatte. Auf der schwarzen Schleife prangte eine rote Faust und der Spruch »Der Tod ist ein Skandal!«. Ein Satz, der später Elias Canetti zugeschrieben wurde, tatsächlich aber von Spoen und Spieber stammt.

Gerührte Begeisterung nach Friez Stammls Trauerrede, 26. April 1925

Brunos Körper reagierte auf Bommis Tod nicht so, wie er gedacht hatte. Sein Hoden, der in dieser Stresssituation eigentlich auf Kürbisgröße hätte anschwellen müssen, blieb normal. Sein Kaffeekon-

sum blieb konstant. Und auch seine Gedanken, das musste er sich
eingestehen, waren weniger bei seiner toten Verlobten als beim
»Einspänner«, beim »Großen Braunen« und schlitzohrigen Rechnun-
gen von Plantagenbesitzern in Costa Rica. Beim Leichenschmaus im
»Palais Spechtl« beobachtete er fast unbeteiligt, wie die Prinzen die
Qualle herzten, so wie sie selbst von Bommi geherzt worden waren.
Die Qualle machte allen große Freude, jeder wollte sie streicheln.
    Der Leichenschmaus selbst bestand aus Kaviar auf schwarzen
Nudeln und zu trinken gab es Mokka von Voelcker. Werner Voelcker
zog ihn zur Seite und sagte: »Bruno! Frauen, net woar, Frauen kommen und gehen, nicht? Doch der Kaffee, Bruno, nicht, der Kaffee,
der bleibt. Nicht?« Voelcker hatte Recht. Der Kaffee blieb an Brunos
Seite. Nach Bommis Tod verstärkte er seine Beschäftigung mit dem
»braunen Gold, net woar?«, wie Voelcker den Kaffee nannte. Bruno
besuchte auf dem Institut für Bohnenkultur der Universität Wien
Vorträge des umstrittenen Vorsitzenden der Österreichischen Rös-
tungsindustrie, Prof. Heinrich Bückedich, der sich vehement für »eine kolossale Aufröstung« einsetzte im Kampf gegen »die Freiröster
und das internationale Weltbohnentum«. Eine Verzehnfachung der
Röstungsausgaben war sein Ziel sowie die Vermeidung des sämigen,
cremigen Aromas, das man immer öfter in Tassen finde. »Antisämig-
timismus« nannte man in Fachkreisen diese Haltung. Bruno verließ
den Saal, als Prof. Bückedich Konzentrationslager für Teetrinker
als »wünschenswert« bezeichnete. Bückedich hatte einen Schmiss
von der Stirn bis zum Nabel und trug bei seinen Vorträgen stets eine
selbstentworfene, kaffeebraune Uniform. Mit solchem Heißgetränk-
faschismus wollte Bruno nichts zu tun haben. Kaffee war für ihn ein
Genuss- und kein Hassmittel. Er suchte die perfekte Bohne, die perfekte Mischung und die perfekte Röstung. Von Voelcker lernte er,
mit der Zungenspitze und in weiterer Folge mit dem Gaumenzäpfchen die genaue Herkunft einer Kaffeebohne sowie deren verschiedene Aromen präzise zu bestimmen. Mit verbundenen Augen
sagte Bruno dann Dinge wie: » Hochland bei Caraca«, »Kakaotulpe«,
»Malzblumennase« und »4,7 auf der Bückedich-Skala«. (Vgl. *Aber bitter mit Sahne*, Verlag Deutsche Forschung, Deutsch Wagram, 1924.)

Das Leben des Bruno A. Sauermann

Ein hochkomplexes, nur für Spezialisten verständliches Kaffeestandardwerk, das erstmals Grundlagen zur Bewertung und Klassifizierung von Bitterstoffen in der Kaffeebohne verbindlich einführte. Die nach oben offene Bückedich-Skala gilt auch heute noch. Ein interessantes Detail am Rande: Der Schlagersänger Udo Jürgens machte fünfzig Jahre später ohne Erlaubnis Bückedichs aus diesem Buchtitel einen Schlagertext. Die Erben Bückedichs klagten vor dem Oberlandesgericht St. Pölten und wurden abgewiesen. Die beiden Söhne Bückedichs, Ernst und August, verbrannten sich nach der Urteilsverkündung noch im Gerichtssaal am 9. Juli 1987. Heinrich Bückedich selbst wurde 1946 in Nürnberg zum Tode durch Erwürgen verurteilt.)

Bruno experimentierte viel, kreuzte Bohnen, Brasiliabohnen mit indonesischen Bergbohnen, peruanische Zwergbohnen mit nigerianischen Kotbohnen und zum Spaß auch manchmal teure Columbiabohnen mit Bohnen mit Speck. Voelcker war froh, einen so fleißigen Mitarbeiter zu haben. Hundert Wochenstunden waren die Regel. Bruno prägte in Wien das Bild des fleißigen Deutschen nachhaltig.

Nur einen Abend pro Woche nahm er sich vor, sich nicht mit Kaffee zu beschäftigen. Diesen einen Abend verbrachte er immer mit Friez und Ildikó, die beide nach Bommis Beerdigung in Wien geblieben waren und neben dem Foltermuseum im Esterhazypark das Quallenmuseum neu eröffneten. Die Wiener waren begeisterte Museumsgänger, während in Köln das Interesse an der Qualle fast vollständig erlahmt war. (Vgl. hier die Buchhaltung von Ildikó Turkmans Quallenmuseum 1922–1924. In diesen drei Jahren gab es insgesamt nur sechs Besucher. Drei Studenten, die Halbpreis zahlten, und drei behinderte Studenten, die gar nichts zahlten. Ildikó und Friez nahmen in dieser Zeit zwar 4,8 Billionen Mark ein, aber das lag an der Inflation.)

»De Quoin is leiwand«, sagte Ildikó. »Der is wuascht, obs in Deitschland in da Vitrin hängt oder in Wean. Und mir is a wuascht.«

Bruno, Ildikó und Friez bewohnten zu dritt eine ganze Etage im »Hotel Kummer« auf der Mariahilferstraße. Es war die Etage, in der sich die hoteleigene Großmutter vor Jahren in die Luft gesprengt hatte. Das Quallenmuseum war nur wenige Meter entfernt und auch Friez, der inzwischen im Prater als Einschreier fürs Kettenkarussell arbeitete (»Ssteigen se ein, Kackschiet, un fahn se mit, Snabelfotz!«), hatte die Tram direkt vor der Tür.

Bei ihrem gemeinsamen wöchentlichen Abendessen kredenzte Ildikó drei prall mit gerösteter Leber gefüllte Handtaschen. Die Handtaschen standen am Tisch, flankiert von Messer und Gabel. In der gemeinsamen Küche gab es kein Porzellan und kein Geschirr, nur Taschen in allen Größen, die schwer abzuwaschen waren und mit der Zeit einen starken Eigengeruch entwickelten. »Bei mir wird gessen, wos in die Doschn kummt, und jetzt gusch. An guadn!«

»Ildikó, do hos du dick man wieder über selbst getrompft. Dat smekkt mir man opjezikknet«, zollte Friez seiner Liebsten Respekt, während Bruno nur aus Höflichkeit und Zuneigung in den Taschen kramte. Seit er als Kind mit dem Kopf in der Tasche gesteckt hatte, wurde ihm von dem entsetzlichen Geruch in Ildikós Lebertaschen speiübel. (Vgl. *Über den Tellerrand hinaussehen – Innovative Gedanken eines Industrial Designers,* Verlag Stil und Stuss, Wiesbaden, 1990. Der Frankfurter André Fangmich schlägt in seinem schön bebilderten Buch Alternativen zu Teller und Tasse vor: Tierschnabel, Blumentopf, Seifenschale, Brillenetui und Baseballkappe eignen sich laut Fangmich genauso gut, wenn nicht sogar besser als Gefäße für Speis und Trank und haben darüber hinaus auch noch eine weitere Funktion. Die Kantine der hessischen Landesregierung versuchte 1994 diese Anregungen in einem Pilotversuch in die Praxis umzusetzen und der Versuch war von Erfolg gekrönt. Seitdem wird in der Kantine der hessischen Landesregierung nicht mehr von Tellern gegessen und aus Gläsern getrunken, sondern aus Mützen.)

Auch zu den fünf debilen Prinzen hielt Bruno weiter Kontakt. Ab 1927 begab er sich jedes Jahr mit Bommis Cousins für zwei Tage auf Sommerfrische nach Tirol an den Achensee. Der Diener der Prinzen hatte gute Kontakte zur Frühstückspension »Wunde«, direkt am See. An die Pension angeschlossen war eine eigene Metzgerei, die sogenannte »Fleischwunde«. Es waren zwei wunderschöne Tage voller Erholung. »Hams e Dusch o?«, fragte Bruno an der Rezeption bei sei-

Das Leben des Bruno A. Sauermann

nem ersten Besuch und die Wirtin, Frau Wunde, eine zwei Meter große, massige, stark behaarte Altbäuerin, antwortete:»Klar han i a Dusch, mit kristallklarem Wasser aus die Berg!«, und gab ihm das Zimmer mit der schönsten Dusche in der Pension. Bruno war begeistert, er duschte stundenlang. Er verduschte sozusagen das Wochenende, der See ließ ihn völlig kalt. Zurück in Wien erzählte er oft und gerne von der wunderbaren Pension, die »E Dusch o« hatte. Mit den Jahren wurde Brunos »E Dusch o« zu einer geflügelten Redewendung in Kaffeekreisen. So einprägsam wurde diese Phrase, dass Brunos Bremer Kollege Eduard Schopf seine eigene Kaffeemarke danach benannte:»Eduscho«. (Vgl. *Das große Tchibo-Buch*, Tchibo Verlag, Hamburg, 1955. Firmengründer Herz erzählt in dieser knapp 3.000 Seiten starken Firmenchronik von einer Begegnung mit Bruno A. Sauermann in Wien:»Während eines Kaffeekongresses besuchte ich zusammen mit dem jungen Sauermann von »Voelcker-Kaffee« das Autohaus Denzel. Der junge Sauermann interessierte sich für einen Geländewagen und fragte unablässig in seinem ulkigen Dialekt: ›Hams e Jeep o? Hams e Jeep o?‹ Der Klang dieser Worte bezauberte mich und so nannte ich meine eigene Rösterei ›Tchibo‹. Damals wusste ich noch nicht, wie man ›Jeep‹ richtig schreibt. Heute ist es zu spät und wäre marketingtechnisch auch nicht hilfreich, ›Tchibo‹ in ›Jeepo‹ umzubenennen.«)

Bruno war in der Welt der großen Röster angekommen und stolz schrieb er nach Nippes:

> Lieber Onkel Dietrich Hans,
> hast o ghört, woasher i von der Wiener Kaffeeröstungs-
> innung a Medaille gwonne hob? »Nachwuchsröster des
> Jahres«, die Goldene Bohne am Band, die i von nun an bei
> offiziellen Anlässen, wie dem Kaffeesiederball, am Revers
> trogn derf. I heff, doss du stolz bist,
> Dein Bruno A. Sauermann

Selbstverständlich war der Pfahlbautenaktionär im fernen Rheinland stolz. Dietrich Hans Schmand lebte in Köln alleine in seiner

Debilenmilch

großen Villa, die erneut als einziges Gebäude in Nippes auch das große Hochwasser von 1926 überlebt hatte. (Vgl. Jahresbericht des Katastrophen- und Flutenamts Köln für das Jahr 1926. Im Januar hatte es fünfmal so viel geregnet wie im Durchschnitt und der Pegel war um sieben Meter höher als normal. Von 76.891 Gebäuden in Köln wurden 72.763 komplett zerstört, 3.989 überwiegend und 828 nur leicht. Im gesamten Stadtgebiet waren nur elf Gebäude unversehrt geblieben: der Dom, das »Hansahochhaus«, der zwei Jahre zuvor gebaute höchste Wolkenkratzer seiner Zeit, drei Kioske, zwei Scheunen, zwei Herrentoiletten, ein Wachhaus und die Schmand-Villa.)

Schmand machte sich oft Gedanken über seinen Stiefsohn. Sein alter Freund und »Mokkassin« Voelcker berichtete ihm nur das Beste, aber der bayrische Lebemann sorgte sich, dass Bruno zu eindimensional, »a Kaffee-Fachtrottl« werden würde. Darum schickte er regelmäßig Bücher nach Wien, die auch andere Wissensgebiete abdecken sollten:

– *Es hat sich ausgeheckt – Über das schleichende Ende der Heckenschneidekunst in den Vorgärten Vorpommerns.* Ein von Marianne Schmeling, einer Tante des Boxers, zusammengestelltes Bilderbuch mit erschreckenden Beispielen für stümperhafte, völlig misslungene Heckengestaltung. Grünzeugverlag, Stettin, 1922.
– *Du.* Ein psychologischer Ratgeber über das Phänomen, dass Männer nicht über sich selbst reden können. Hrsg. von Ignaz Ichnicht, Edition Schweighofer, Bern, 1910.
– Bertha von Suttner, *Zinnpazifisten. Überlegungen zur friedlichen Kindererziehung.* In kriegerischen Spielen im Kindesalter mit Zinnsoldaten sah sie den Grund für Militarismus. Sie plädierte in dieser Schrift für das Schmelzen aller Zinnsoldaten und das Gießen von Zinnärzten, Zinnlehrern oder Zinnkrankenschwestern. A. Lozzi Verlag, Pest, 1920.

Das Leben des Bruno A. Sauermann

1928 plante Dietrich Hans Schmand eine Reise nach Wien. »Lieber Bruno«, antwortete er in seinem Brief vom 21. Mai 1928:

I gratuliere zur Goldnen Bohne am Band, Bua, und i gfrei mi scho ganz narrisch auf di. Hier is nimma vui. Nippes is no immer unter Wasser, knietief muaßt durchs Wosser hatschen und es stinkert wiera im Maul von aner Deutschen Dogge. Na, mir gehts net guat. S geht scho, oba sis net guat. S is fad ohne di und i vermiss a die Bommi und die Muatterl, die liebe Bertha, gell? Alle sans gstorbn, Herrgott Sakkra, es is a Schand. Lies was Gscheits, Bruno, und net immer nua röstn, röstn, röstn und an die Trinka denke, gell, Bua? Glücklich sollst wearn, Bruno. I gfrei mi auf di. Narrisch frei i mi,
Dein Dietrich Hans Schmand

Es war das letzte Lebenszeichen, das Bruno von Dietrich Hans Schmand erhalten sollte. Am Nachmittag des 23. Mai trat der Rhein erneut über die Ufer, nur wenige Zentimenter, aber das reichte, um die noch immer klitschnasse Stadt noch mehr aufzuweichen, und die hölzernen Pfähle der Schmand-Villa gaben, zermürbt in langen Jahren des Kampfes, auf. Sie knickten plötzlich und unerwartet ein wie Streichhölzer und die Villa fiel drei Meter tief in die Fluten. Am nächsten Tag trieb der Globus im Rhein, der Spazierstock aus Mahagoni wurde in der Kanalisation entdeckt. Dietrich Hans Schmand selbst wurde mit dem Blauhaar im Arm vier Tage später an den Rheinwiesen angeschwemmt.

Die Nachricht traf Bruno wie ein Keulenschlag. Seine Hoden schwollen wieder an. Fassungslos und voller Trauer schmierte er im Andenken an Dietrich Hans Schmand dessen Wundermittel auf die Hoden, Grammelschmalz vom Feldhasen.

Mit Schmand verstarb Brunos letzte Köln-Verbindung und seine wichtigste Bezugsperson. Schmand war alles für ihn gewesen: Vater, Bruder, Lehrer, Freund und Steuerberater. Bruno fühlte sich wie eine leere Kaffeekanne. In tiefer Trauer erfand er den sogenannten

»Tränenmokka«, einen Kaffee, der nicht mit Wasser, sondern ausschließlich mit Tränen gebrüht wird. Der »Tränenmokka« wurde zur Kaffeehaussensation in Wien und ebendort 1929 zum »Kaffee des Jahres« gewählt. Alle Wiener Kaffeehäuser, die etwas auf sich hielten, stellten zu dieser Zeit slowakische Trauerweiber ein, die auf Bestellung am Tisch auf die gemahlenen Bohnen weinten. Das grundsätzlich depressive Image Wiens wurde durch die Armee der heulenden Trauerweiber weiter verstärkt. Zu Unrecht. Tatsächlich hat Kaffee eine aufhellende Wirkung. Koffein setzt Glückshormone frei. Kaffeeeinläufe gelten als Wundermittel bei Gemütserkrankungen und waren im Wien der Zwischenkriegszeit nicht ungewöhnlicher als Friseurbesuche. Den »Tränenmokka« ließ sich Bruno patentieren. Er plante bereits eine eigene Firmengründung, als er mit dem Zug nach Köln zur Beerdigung von Dietrich Hans Schmand fuhr. Sie hatten ein Viererabteil – Bruno, Ildikó, Friez und die Qualle, die Vollpreis zahlen musste, obwohl sie auch nicht mehr die Jüngste war und langsam grau wurde. (Vgl. *Alte Tiere in der Deutschen Bahn*, Kadaververlag, Aas in Westfalen, 1989. Ein aufwendiges, 15-bändiges Werk des Zoologen Dr. Friedrich Falter, der seit 1900 alle alten, jemals von der Deutschen Bahn beförderten Tiere penibel auflistete. Falter definiert »alte Tiere« als sich im letzten Viertel ihrer natürlichen Lebenserwartung befindende Lebewesen. Er belegte über fünf Millionen Tiertransporte, bei denen er sicher das hohe Alter bestimmen konnte. Besonders interessant ist die Abbildung auf S. 218 in Band 9, die den 96-jährigen Grauwal »Willi« zeigt, der 1981 mit dem EC »Knecht Ruprecht« von Bielefeld nach Rostock fuhr. Warum, erfahren wir allerdings nicht. Trotzdem ist das Werk empfehlenswert, wenn auch nur aufgrund der Fülle der Informationen.)

Der Exzentriker Schmand blieb sich selbst treu über den Tod hinaus. In seinem Testament verfügte er: »Ich möchte nicht verbrannt werden, aber trotzdem Urne.« Dietrich Hans Schmand wurde am 30. Mai auf dem 1.-FC-Köln-Friedhof in einer 1,80 Meter hohen Sonnenblumenvase bestattet. Die Vase war ein wenig zu kurz, so dass der Kopf des toten Bayern aus der Vase schaute, als sie in die Erde gelassen wurde. Das Erdreich war vom Hochwasser noch so aufgeweicht, dass die Vase im ausgehobenen Grab zu schwimmen begann. Schnell wurde das Loch mit frischer, trockener Erde gefüllt. Nicht viele Trauernde hatten sich am FC-Friedhof versammelt.

Die vier »Wiener«, wenn man die Qualle mitzählt, der »Faltenhund«, die Försterin Hedwig Büffelburger, die oft mit Schmand zusammen im Porzer Forst in den Büschen verschwunden war, der Kölner Oberbürgermeister Konrad Adenauer, der liberale Urologe Busch und Udo Ulrich, der mit seiner Frau Urschel und einer Unbekannten gekommen war, um sich von seinem Nachbarn zu verabschieden. Bruno musste mehrmals hinschauen, um sich im Dauerregen auf dem Friedhof zu vergewissern, wer da neben Ulrich mit schwarzen Beinen am Grab stand. Es war Uli Ulrich, die schwarze Nylonstrümpfe trug, die 1928 noch völlig unbekannt waren, aber Uli arbeitete schon seit ihrer Rückkehr aus Japan bei »Ludwig Schirmlöser Bademoden« und dort war Nylon kein unbekanntes Material. Schirmlöser ist eine Legende für Bademodenfreunde. (Vgl. »Hose runter, Chicago!« Mit diesem eigenwilligen Slogan warb der Erfinder der modernen Badehose, Ludwig Schirmlöser, für sein »einteiliges, kurzes Herrenbeinkleid«, die sogenannte »Dreiecksbadehose«, die als skandalös betrachtet wurde und Schirmlöser 1895 wegen Erregung öffentlichen Ärgernisses ins Gefängnis brachte. Schirmlöser war in seiner Dreiecksbadehose in den Kölner Dom marschiert, schüttete sich Weihwasser über die himmelblaue Badehose und marschierte laut singend wieder hinaus, wobei er Brustschwimmbewegungen simulierte und die schnell trocknende Hose stolz präsentierte. Aber der Schuss ging nach hinten los. Kein Wunder, denn noch immer galt der »Zwickelerlass«, der festlegte, welche Körperteile beim Baden zu verhüllen waren, vom Kirchgang ganz zu schweigen. Er wurde noch auf den Stufen der Domplatte festgenommen. Zwei Jahre saß er im Kölner Kerker und ist seit dieser Zeit so etwas wie ein Märtyrer der modernen Bademode. Schirmlöser hatte lange Zeit bei einem Kölner Herrenschneider gearbeitet, der einteilige Badeanzüge mit kurzen Beinen aus gestreiftem Trikot herstellte, die aus Perkal, Flanell oder Serge waren. Aber nie bekam er Lohn. »Ny Lon«, wie er in einem Brief an seinen homosexuellen Freund Bertram Weichtal schrieb. Schirmlöser war nicht sehr gebildet, aber wissbegierig. Er verließ die Herrenschneiderei und experimentierte mit verschiedenen Materialien. Er suchte einen Stoff, der sich im Wasser und später beim Trocknen nicht verändern durfte, zum Beispiel einlaufen oder aus der Form geraten. Bisher nämlich war das Baden durch den in regelmäßigen Abständen notwendigen Neukauf der Badekleidung sehr kostenintensiv. Zwei Wochen dachte er angestrengt nach und erfand dann einen für Badeanzüge perfekten Stoff, den er in Anspielung auf seine schlechten Jahre »Nylon« nannte. Fasern aus Polyamid. Dass Polyamide Polymere sind, deren Wiederholungseinheiten (Monomere) charakteristisches Merkmal der Amidgruppe sind, wusste er nicht, aber das hinderte ihn nicht daran, sie zu synthetisieren. Er war seiner Zeit um etwa vierzig Jahre voraus. Nylon wurde erst 1935 von Dr. Wallace Hume Carothers in Wilmington, Delaware, patentiert. Schirmlöser ging leer aus. Er hatte nicht gewusst, dass man sich Erfindungen patentieren lassen muss, und als Nylon dann ab 1938 seinen großen Siegeszug antrat, war Schirmlöser längst verarmt gestorben. Ein großer 2.000-Liter-Fabriksfeuerlöscher war versehentlich losgegangen, als Schirmlöser daneben auf einer Pritsche schlief. Er ertrank am 23. Januar 1929 – ein für den Erfinder der Nylonbadehose vielleicht folgerichtiger Tod. Wallace Carothers aber ließ sich als Erfinder feiern und gab die merkwürdigsten Erklärungen für den Namen »Nylon«. Carothers hätte über den Erfolg der Faser mit dem Ausruf »Now You Lousy Old Nipponese« oder auch »Now You Look Old Nippon« triumphiert, aus Schadenfreude darüber, eine Faser entwickelt zu haben, die der japanischen Naturseide Konkurrenz machen konnte. Wahrscheinlich! Ludwig Schirmlöser war es, wegen ihm heißt es Nylon und wegen ihm sind heute Angelschnüre, Büstenhalter, Mähfäden für Rasentrimmer, Sprungtücher für Trampoline, Tennissaiten, Techno-Clubwear oder Hochseeschlepper-Trosse aus Nylon und Badeanzüge. *Hose runter, Chicago*, erschienen bei Hemd & Hose, Mailand, ist eine 1997 verfasste Hommage an Ludwig Schirmlöser von Gianni Versace, der kurz nach Fertigstellung des Bildbandes in Miami erschossen worden ist. Zum Zeitpunkt seines Todes trug er Nylonstrümpfe!)

Das Leben des Bruno A. Sauermann

Über das nasse Grab von Dietrich Hans Schmand hinweg rief Bruno:»Uli! Woasher bistn du do? Jo, griß di Gott mitnand!«»Ja, Tach miteinander, Bruno. Da guckse, ne? Hier bin isch wieder!« In diesem innigen Dialog spiegelt sich die ganze Leidenschaft, die die beiden auch nach all den Jahren noch füreinander empfanden. In diesen Zeilen liegt die reinste Liebe, das Destillat ihrer Gefühle. Zeilen, die so schön sind, dass man gar nicht anders kann, als sie noch einmal niederzuschreiben:

»Uli! Woasher bistn du do? Jo, griß di Gott mitnand!«
»Ja, Tach miteinander, Bruno. Da guckse, ne? Hier bin isch wieder!«
(Vgl. *Sag mir, was du liest, und ich sag dir, was du ißt*, Kapitel 5, »Sag mir, was du sagst, und ich sag, dir was du sagst«. Die Sprachwissenschaftlerin Dörte Lassdich zeigt hier die Wucht der Liebe, die in Worten stecken kann. Zum Beispiel:
»Gehst du rauf?«
»Nein, geh du rauf.«
Auf den ersten Blick ein vielleicht beiläufig erscheinender Dialog, bei genauerer Betrachtung aber zumindest für Frau Lassdich der Beweis unerhörter emotionaler Kraft. Erschienen im Institutsverlag der offenen Psychiatrie Heidelberg, Abteilung Hoffnungslos, 1991. Dörte Lassdich wurde 1993 bei einem Freigang in Tübingen von einem Fohlen totgetrampelt.)

Beim Leichenschmaus im »Geißbockheim« neben dem Friedhof saßen Bruno und Uli nebeneinander. Es gab bunten Bandsalat und ein »feiges« Ei, ein Dotter im Feigenmantel. Traditionell wurde ein heißes, dunkles Batz gereicht. Urschel Ulrich saß ihnen gegenüber und schälte gedankenverloren eine Olive, als sie, ohne die beiden anzublicken, beschloss, dass Uli und Bruno füreinander geschaffen waren. Hörte man nicht nur das Beste vom jungen Sauermann aus Wien? Er hatte sich da ja scheinbar zu einem Kaffeemeister gemausert, wie man hörte. Und jetzt noch das wohl zu erwartende Erbe des reichen Schmand? Sie stand auf und klopfte mit dem Messer an den Batzhumpen. Die Trauergesellschaft erwartete eine Rede zu Ehren des Verstorbenen, aber Urschel Ulrich hatte anderes im Sinn.

»Leewe Leut«, sprach sie feierlich. »Isch darf etwas verkünden, dat eusch alle freuen wird, nämlisch die baldige Hochzeit meiner Tochter Uli mit dem hier anwesenden Bruno Sauermann!«

Bruno fühlte sich ein wenig überrumpelt und lächelte verlegen.

»Darf isch bitten, die Humpen zu kreuze (›dä Hümpkreuz‹ oder ›da Hukreu‹ oder auch schlicht ›Huk‹)? Bruno, Uli, auf euer Wohl!«

Humpen wurden verdutzt gegeneinandergeschlagen und die schwarzgekleideten Gäste an der Trauertafel riefen: »Hoch, hoch, hoch solln se läwe!«

Uli Ulrich lächelte zu Brunos Überraschung, erhob sich und rief feierlich: »Danke, Mutter. Ich nehme dein Angebot an!« Sie packte Brunos Kopf mit beiden dicken Händen und drückte ihn auf ihre Leibesmitte, damit er, so war es in ihrer Familie Brauch, in ihrem »goldenen Ulrich-Dreieck« schnuppern konnte. Die Ulrichs hatten tatsächlich goldfarbene Schambehaarung, auf die sie sehr stolz waren, und Bruno sah Ulrichs Goldschatz durch die Nylonstrumpfhose schimmern. Sie roch traurig.

Udo Ulrich klopfte ihm auf die Schulter und umarmte steif und ungelenk seinen zukünftigen Schwiegersohn. Bruno schwirrte der Kopf. Niemand hatte ihn gefragt, ob er Uli heiraten will, niemandem fiel auf, dass niemand ihn gefragt hatte. (Vgl. *Muttis Wille geschehe – Wenn Mütter zu viel Macht ausüben,* Matronenverlag, Wien, 2001. Ein irritierendes Sachbuch von Ursula Stenzel, die in ihrem Buch Fallbeispiele zeigt, wie sehr Kinder auch im hohen Alter noch Marionetten ihrer Mütter sind. Mütter, die bestimmen, welche Sexualpraktiken man auszuführen hat oder bis wann man sich spätestens das Leben zu nehmen hat.)

Bruno war seltsam entscheidungsschwach. Die Situation überforderte ihn. Uli heiraten? Er hatte sie doch jahrelang nicht mehr gesehen und war nie in sie verliebt gewesen. Auf der anderen Seite, warum eigentlich nicht? Jetzt, wo Dietrich Hans Schmand tot war,

Das Leben des Bruno A. Sauermann   129

hatte er niemanden mehr. Die Wohnung im »Hotel Kummer« war groß genug und nachdem Ildikó und Friez inzwischen an einer Kaffeeunverträglichkeit litten, hervorgerufen durch viel zu viele geröstete Lebern, hätte er endlich wieder jemanden zum gemeinsamen Kaffeetrinken. Außerdem hätte er eine vertrauenswürdige Arbeitskraft für »Bommi Kaffee«. Denn so wollte er seine eigene Kaffeemarke nennen. Friez schaute ihn streng an und schüttelte leicht den Kopf. Er schien mit diesen plötzlichen Entwicklungen nicht einverstanden zu sein.

»Bruno! Dat is ja nu man een groß Entzeidung, min Jong. So snell ssießen die Preußen ja nu man nicht. Bisse dir in Kloren, wat dit voor een Bedeitung hett? Willssu wirklich, Kackschiet und Snabelfotz, die Deern zur Fru nehm?«

»Natürlich will er«, rief Urschel Ulrich, in der Lautstärke dem ehemaligen Einschreier der »Mary Pooh« fast ebenbürtig.

Bruno zuckte nur entschuldigend mit den Schultern und prostete seinem alten Lehrer von der Dummschule müde zu.

Am Donnerstag, den 24. Oktober 1929 hatte Bruno einen Termin beim Notar, zu dem er Uli, seine zukünftige Frau und Buchhalterin, mitnahm. Dr. Franz Freivogel, Notar und sogar, wie sein Türschild verriet, »Notarbene«, war ein ungewöhnlich kleiner und schmächtiger Herr, der seit 1918 regelmäßig Schlaganfälle hatte und hüftaufwärts gelähmt war. Er konnte gut laufen, aber sein Oberkörper hing schlaff herunter. Wenn man ihn so sah, konnte man gar nicht glauben, dass man es hier mit einem »Notarbene« zu tun hatte, aber »don't judge a book by its cover«. Freivogel war ein hochintelligenter Jurist, der nur körperlich nicht mehr in der Lage war, ein Testament zu »öffnen«. Unruhig lief er in seiner Kanzlei herum, während seine Stirn gegen seine Knie schlug und seine langen, feuerroten Haare über den Boden fegten.

Freivogel sprach durch die Schlaganfall-Anfälligkeit abgehackt und er konnte nur mehr wenige Laute auf der Tastatur der Sprache bedienen. Das »O« und das »P« waren ihm geblieben. Wenn er sprach, und er sprach viel, sagte er: »Popopopop!«

(Vgl. *Notare in Not – Über die erschreckende körperliche und geistige Verfassung bundesdeutscher Notare und Treuhänder.* Edition Mengele, Buenos Aires, 1952. Eine großangelegte Untersuchungsreihe argentinischer Ärzte und Psycholgen der Medizinischen Fakultät Rosario. Von den 2.500 getesteten Notaren waren nur 23 bedingt einsatzfähig, der Rest erfüllte nicht einmal in Ansätzen die Mindestanforderungen, nämlich Essen bei sich zu behalten und vom Schreibtisch aus zu winken. Unzählige Teilentmündigungen waren die Folge der Untersuchung.)

Bruno half dem erbarmungswürdigen Notar beim Öffnen des Testaments. Ungeduldig erwartete er Schmands letzten Willen.

»No? Woasher stehtn do drin, Dr. Freivogel?«

»Popopopopopopop!«

»Aha, Dr. Freivogel. Und woas hoaßt dos jetzt?«

»Popopop!« Der Notar war aufgeregt und versuchte mit seinem Fuß auf etwas Wichtiges im Testament zu zeigen.

»Derf i o mol schaugn?«

»Opop!«

Und Bruno sah die ihm vertraute Schrift. Dietrich Hans Schmand hatte Bruno als alleinigen Erben eingesetzt. Schmand hatte ihm die Villa vermacht, die leider in sich zusammengefallen war, den Blauhaar, der mit Schmand zusammen gestorben war ...

Bruno blätterte um. Hoffentlich kommt noch was, denn bis jetzt war noch nicht viel dabei, dachte er.

»Ich vermache Bruno A. Sauermann meinen Gehstock aus Mahagoni. Der Gehstock ist sehr wertvoll und übersteigt den Wert der Villa ums Sechsfache.« Auch der Stock war Opfer der Fluten geworden.

»Des Weiteren vermache ich Bruno A. Sauermann ein unveröffentlichtes Manuskript meines Lieblingsschriftstellers Frank Huhn (ohne Titel).« Der Wert dieses Manuskripts lag bei null, so viel ahnte Bruno.

»Ich vermache die Skizzen, Pläne, Überlegungen und fortan die Rechtsansprüche der Nutzung des ›Fliagserl‹ meinem lieben Stiefsohn Bruno A. Sauermann.« (Anm.: Ein Rechtsgutachten der Anwaltskanzlei Klopfsich & Backschwöll & Braun de Praun in Graz er-

Das Leben des Bruno A. Sauermann

gab, dass Bruno A. Sauermann heute tatsächlich alle Rechte am »Airbus A 330« hätte und fünfzig Prozent aller Einnahmen im Flugverkehr ihm zuteil werden müssten, was allein für das Jahr 2006 fast 134.000.000.000 Euro bedeuten würde. Aber ganz sicher waren sich die Juristen nicht. Für eine stichfeste Überprüfung verlangte die Kanzlei Klopfsich & Backschwöll & Braun de Praun übliche zehn Prozent der Verhandlungssumme, was die Verfasser dieses Buches ablehnten.)

Mit den Plänen fürs »Fliagserl« konnte Bruno 1929 nichts anfangen. Langsam verließ ihn der Mut. Für die Gründung einer eigenen Firma war hier nicht viel zu holen. Er blätterte weiter und sah, dass er den von innen beleuchtbaren Globus geerbt hatte und eine Reisebeschreibung für eine Reise, die er als Kind auf diesem Globus mit dem Finger gemacht hatte. 47 Länder waren aufgelistet und darunter stand: »Gute Reise, mein lieber Bruno.« Er war gerührt und fuhr noch einmal mit seinem Finger über die Kontinente und fremden Welten.

Und schließlich las er auf der letzten Seite: »Außerdem vermache ich meinem lieben Bruno nachfolgende Aktienpakete.«

Es waren riesige Aktienpakete. Schmand hatte in den letzten zwei Jahrzehnten durch Pfahlbauten-, Eisenbahn-, Radieschen- und Hosenträgeraktien ein Vermögen verdient. Drei Milliarden Mark ergab die Gesamtsumme. Und es herrschte keine Inflation. Für eine Mark bekam man 1929 siebzig Brote, zwei Kilogramm Butter und einen Ochsen. Die Uhr in der Kanzlei von Dr. Freivogel zeigte genau 15 Uhr und Bruno war mit einem Schlag Milliardär. Zwei Stunden später rasselten in New York ohne erkennbaren Grund die Kurse an der Wall Street in den Keller. Zuerst die Kurse für die Radieschenernte, dann die Hosenträger, dann wurden alle mitgerissen. Die Nachricht des größten Börsencrashs der Geschichte kam erst am nächsten Morgen nach Europa. Am Freitag, dem Schwarzen Freitag. Eine Nacht lang war Bruno wirklich reich gewesen.

Mit leeren Händen, aber einer Braut an seiner Seite kehrte Bruno nach Wien zurück. Auch Österreich hatte der Schwarze Freitag mit voller Wucht getroffen. Auf der Straße prügelten sich Arbeitslose um einen Platz in der Warteschlange vorm Arbeitsamt. Die Gürtel wurden wieder enger geschnallt. In der Voelcker-Rösterei in der Rabengasse hatte sich in seiner Abwesenheit ein Drama abgespielt. Auf Anraten seines Freundes Dietrich Hans Schmand hatte Werner Voelcker all sein Geld in Radieschenaktien angelegt. Jetzt war er pleite. Voelcker verkraftete den Börsenschock nicht und sprang am Nachmittag des 26. Oktober 1929 in den großen Trichter der riesigen Kaffeemahlmaschine im Rösthaupthaus. Bruno fand seinen feingemahlenen Chef im Auffangbecken der Mahlmaschine. Auf der Maschine klebte ein Abschiedsbrief, darauf lag Voelckers Brille:

Lieber Bruno,
entschuldige, dass ich nicht aufstehe. Ich schaue mir die Radieschen jetzt von unten an, net woar?
Aus dem, was ich jetzt bin, kannst du wirklich einen echten »Voelcker-Kaffee« machen. Für einen Kaffeefreund wie mich das einzig würdige Ende. Bruno, du weißt mit Kaffee umzugehen, du verstehst unser Handwerk. Ich schenke dir dieses Haus. Führe es fort, wie du es für richtig hältst, nicht? Net woar?
Dein Freund und Mokkassin, Werner

Die Rösterei gehörte jetzt also Bruno A. Sauermann. Das Leben ist merkwürdig, dachte Bruno und kehrte Voelcker zusammen. Jetzt hatte sich doch noch alles gefügt für seine Geschäftsidee »Bommi Kaffee«. Er verpackte den pulverisierten Werner Voelcker vakuumfrei in eine besonders hübsche Festtagsdose von »Voelcker-Kaffee« und stellte sie in das große Büro, das nun sein Büro war.

In den nächsten Tagen gestaltete er einiges um. Er entfernte die »Voelcker-Kaffee«-Schilder und ließ die Firma innen und außen in dem Gelb ausmalen, das Bommis Bademantel hatte. Auch das Logo von »Bommi Kaffee« entlehnte er dem Familienwappen derer von Specht: ein Specht auf einem Schwamm. Auf jeder Bommi-Kaffee-Dose war dieses Logo zu sehen und auch der alte Familienspruch

Das Leben des Bruno A. Sauermann

»Equus nihil moribus cantat«. »Das Pferd singt dem Toten nichts« ist zwar nicht zwingend ein guter Slogan für einen Kaffee, verströmte aber in Brunos Augen eine gewisse Abgeklärtheit und Seriosität, wie ein Kaffee, der sich bereits gesetzt hat und einen jahrhundertealten Genuss verströmt.

Specht auf Schwamm: Bommi-Kaffee-Logo, 1929

Uli war wütend. Sie fand den Namen »rotzbeknackt« und den Spatzen auf dem Schwamm peinlich. »Und wat soll dat mit den Jäulen, die nit singen, wenn de krepierst? Bruno, glaubsse wirklisch, dat du mit Pferden und Spatzen auch nur ein Käffken verkaufst?«

Bruno versuchte, sie zu ignorieren. Seit sie in Wien war, schimpfte sie, als wäre sie Wienerin. »Gschissen« konnte sie inzwischen sagen wie eine Dirne vom Naschmarkt. Kurz nach der Ankunft in Wien hatten sie standesamtlich geheiratet.

»Kein Reis, kein lauter Jubel, keine Gefühlsregungen!«, stand auf einem Amtsschild im Standesamt Margareten auf der Schönbrunner Straße. Drei verschiedene Zeremonien standen zur Auswahl. Uli entschied sich für die Billigversion ohne Musik und Ansprache. Von der Hochzeitsfeier ist nur ein Beleg aus dem Gasthaus »Schaß Fraß« erhalten. Ein Bier, ein großer Schwarzer und ein Paar Debreziner mit Gebäck. (Anm.: Das Lokal »Schaß Fraß« auf der Schönbrunner Straße 125 wurde im Zweiten Weltkrieg völlig zerstört, schloss aber trotzdem erst 1985. Heute befindet sich hier ein Radgeschäft mit dem programmatischen Namen »Guter Rad ist teuer«. Fahrräder unter 15.000 Euro wird man hier vergeblich suchen.)

134 *Debilenmilch*

Brunos erster Kunde wurde das Café »Zuckergoscherl«. »Hier bekommi Bommi!«, stand auf einer Werbetafel, die Ober Branko mit
Bruno zusammen entworfen hatte. Später entwickelten sie gemeinsam ein zweites Plakat, das über das erste gehängt wurde. Im Schau-
fenster des Café »Zuckergoscherl« las man jetzt: »Wo bekommi Bommi?« Und darunter die schon bekannte Antwort: »Hier bekommi
Bommi!« In schlechten Zeiten war Werbung umso wichtiger, so viel
wusste Bruno. So kam er auf die Idee, den Gitterwagen der Prinzen
umzugestalten. Die Prinzen hatten natürlich nichts dagegen. Er be-
malte den Wagen in Bommi-Gelb und drückte den fünf Prinzen
Schilder in die Hand, auf denen »Bommi Kaffee« stand. Der Wagen
wurde von einem kleinen, ebenfalls gelb bemalten Pony gezogen,
dem ein Specht auf einem Schwamm auf den Kopf gebunden war.
Der Tiroler Diener hielt die Zügel in der Hand und rief »Bommi
Kaffee. Equus nihil moribus cantat. Wo bekommi Bommi?« Manchmal ging Friez mit, der inzwischen bei Bruno arbeitete. Und wenn
der Tiroler fragte: »Wo bekommi Bommi?«, antwortete der Hamburger Einschreier trommelfellerschütternd: »Kackschiet! Hier bekommi Bommi!« Dazu quietschten die haarlosen Prinzen vor Vergnügen.

So wurde die Marke in Wien langsam zum Begriff, vor allem der
»Tränenmokka« lief sehr gut. Unter der Marke »Bommi« entstanden
verschiedene andere Mischungen. Jetzt kamen Bruno sein immen-
ses Wissen und seine Experimentierfreudigkeit zugute. Interessanterweise wurde die aus Spaß kreierte Mischung »Columbiabohnen
mit Bohnen mit Speck« zu seinem größten Erfolg. Vor allem Arbeiter
liebten diesen sättigenden Kaffee, der als Mahlzeit konsumiert wurde, aber leider zu heftigen Blähungen führte. »Schmand-Mischung«
nannte Bruno diesen extravaganten Kaffee.

»Göns, Herr Ober, an großen Schmand für mi, bittschön, und vier
klane Schmand füa die Buam.« Diese oder ähnliche Bestellungen
hörte man immer öfter in den Straßencafés.

Wenn Friez nicht mit dem Tiroler und den Prinzen unterwegs war,
überwachte er die Indios beim Verlesen der Bohnen und schleppte
tonnenschwere Säcke. Am Abend aß man zu viert in der gemeinsamen Küche im »Hotel Kummer« und Ildikó berichtete davon, dass

Das Leben des Bruno A. Sauermann   135

das Quallenmuseum »urleiwand laft«, also gut besucht sei, trotz Wirtschaftskrise. (Vgl. *The Wiener Takes It All – Gewinner und Verlierer globaler Wirtschaftskrisen*. In der Reihe »Das schauen wir uns jetzt mal genauer an«, Verlag Siechen & Suchen, Schattendorf, 1959. Der Ökonom Prof. Klaus Huf stellt in seiner mit dem »Großen Sparkassen-Preis« 1991 ausgezeichneten Studie fest, dass während der Weltwirtschaftskrise von 1929 nur Ildikós Quallenmuseum, der »Schnapstempel« in Simmering und »Schusswaffen Heinrich« auf der Kärntner Straße ihre Umsätze steigern konnten, während weltweit alle anderen Wirtschaftszweige Einbußen um bis zu 20.000 Prozent hinnehmen mussten. Huf hatte für seine Studie über vierzig Unternehmen auf der ganzen Welt »unter die Lupe genommen«.)

Die Qualle Qualtinger war inzwischen schon mindestens zwanzig Jahre alt und Ildikó fürchtete langsam um das Leben der Qualle, schließlich war sie Grundlage ihrer Existenz.

»Die Quoin, i waß net, schaugts no guat aus, was mants ihr? Mochts an guadn Eindruck oder draht si die Qoin bald ham?« Besorgt streichelte Ildikó die Qualle, die sie abends nach Schließung des Museums immer mit nach Hause brachte, damit sie sich nicht fürchtete, so allein.

Uli nervte Ildikós ständiges Quallengequatsche. Überhaupt hasste sie diese widerliche Frau, die ständig aus Handtaschen aß und eine vulgäre Sprache pflegte. Auch Friez Stamml war ihr unheimlich. Diese ohrenbetäubende Stimme und das klimpernde Glied, auf das Ildikó so stolz war, raubten ihr den letzten Nerv. Das war doch nicht normal, sich Medaillen ans Gemächt zu hängen!

Der 10. August 1931 war ein heißer Tag. Die Luft stand, das Thermometer zeigte 38 Grad. Durch die offenen Fenster der vierten Etage des »Hotel Kummer« drang heiße Luft wie aus dem Hals eines Drachen. War es die Hitze, dass es aus Uli herausbrach? Während Ildikó von Planktonrezepten für Qualtinger sprach und Friez mit offener Hose seine Orden putzte, sprang Uli plötzlich von ihrem Platz auf, schmiss die dampfenden Handtaschen vom Tisch, packte die Qualle und warf sie gegen die Wand. Reglos rutschte Qualtinger an der Wand entlang zu Boden.

»Isch han die Schnauze voll. Haut ab, ihr Penner, und nehmt die Scheißqualle mit! Isch will hier mit Bruno alleine leben. Wir sind Kaffeefabrikanten und keine dummen Quallenhüter, merkt eusch dat, ihr miesen Proletarier!«

»Geh, bitte, hör do auf, Uli, i mog das nit hören, s is net scheen«, versuchte Bruno sie zu beruhigen, aber Uli ließ sich nicht beruhigen.

»Aha, der Herr Röster. Jetzt zu dir, du trübe Kaffeetasse. Wenn du willst, dass isch bleibe, dann nennst du den Kaffee nischt länger nach der toten Schlampe, sondern nach mir. Is dat klar, hat der feine Herr dat begriffen? Uli-Kaffee, klar?«

Nichts war klar. Bruno dachte nicht im Traum daran, seine Bommi zu verraten. Er fuhr mit Ildikó und der ohnmächtigen Qualle zum Tierarzt. Als sie spätnachts mit der bandagierten Qualle im Arm zurückkehrten, saß Friez ruhig am Küchentisch und putzte noch immer versonnen seine Penisorden.

»Wo ist Uli?«, fragte Bruno.

»Kackschiet. Dat mit Uli hat sick erledikt!«, antwortete Friez ruhig.

Bruno fragte lieber gar nicht nach. Uli blieb verschwunden. Bis heute ist nicht geklärt, was mit Uli Ulrich-Sauermann geschehen ist. Einige, allerdings nicht seriöse Augenzeugen wollen sie noch 1947 in Japan in einem Fußreflexzonen-Zentrum gesehen haben, andere wiederum könnten schwören, Ulis primitive Gesichtszüge während einer Wallfahrt in Lourdes im Antlitz Maria Magdalenas erkannt zu haben. Am glaubwürdigsten erscheinen aber die Augenzeugenberichte des Personals im »Hotel Kummer«. Der Page, der Liftboy, der Rezeptionist, die Köche und die Kellner sagten unisono aus, dass Friez Stamml mit einem leblosen Frauenkörper die Stiegen heruntergekommen sei.

»Jo, Kackschiet und Snabelfotz. Dit wars«, meinte Friez, als er noch in derselben Nacht in Handschellen abgeführt wurde. Der freundliche Gefängnisdirektor empfing ihn im Zuchthaus »Stein« mit den amüsanten Worten »Kommen Sie rein, können Sie rausgucken!«.

Friez Stamml wurde wegen heimtückischen Mordes zu 18 Jahren Gefängnis verurteilt, obwohl es keine Leiche gab, wie Richter und

Das Leben des Bruno A. Sauermann   137

Staatsanwalt zähneknirschend zugeben mussten. Friez wollte keinen Anwalt und verweigerte im gesamten Prozess die Aussage. Das sprach nicht für ihn. Friez schwieg bis zum Ende seines Lebens. Am 6. Mai 1931 fand man Friez Stamml tot in seiner Zelle liegend. Er hatte sich selbst erschlagen.

Er wurde verbrannt und seine Asche wurde in der Nordsee ausgestreut. In Kiel gab es sogenannte »Leichenaschenkutter«, die man chartern konnte, um seine Liebsten dem Meer auszusetzen. »Abaschen«, wie die hartherzigen Matrosen der »Rotkäppchen II« die Zeremonie nannten. Stammls letzte Reise auf der »Rotkäppchen II« fand bei stürmischer See statt. Als die Asche ausgestreut wurde, trug ein plötzlich einsetzender Orkan die ganze Asche wieder zurück in die Stadt Kiel, ohne dass die Asche das Meer überhaupt berührte. Die Asche Stammls wehte direkt in die offenen Fenster eines Hühnerstalls am Hafen, wo die putzigen Perlhühner die Asche in Sekundenschnelle auffraßen. Was für ein Ende. »Kackschiet und Snabelfotz«, hätte Friez wohl dazu gesagt.

138   *Debilenmilch*

Mit Klopfhoden um die Welt

Zurück in Wien schloss Ildikó das Quallenmuseum, trank »Tränenmokka« und putzte mit leerem Blick Friezens Orden, die sie über
zwei Heizungsrohre in der Küche gehängt hatte. Erst jetzt wurden
Bruno die Ausmaße des Stamml'schen Gewirks bewusst. Bruno
musste sich auch immer öfter um die Qualle kümmern, die verwahr-
lost in einem Bierhumpen saß. Er fütterte sie mit Plankton und
Einzellern und wechselte das Wasser. Ildikó hatte nach Friezens Tod
das Interesse an der Qualle verloren, wie sie überhaupt das Interesse
am Leben verloren hatte. Sie aß nicht mehr und warf alle Handtaschen in den Müll. Ihre Haare verfilzten. Bruno machte sich große
Sorgen. Er versuchte, ihre Stimmung mit Kaffeeeinläufen zu verbes-
sern. Manchmal gelang das auch für kurze Momente.

»Bruno, Servas. Mir gehts leiwand. Gehts dir auch so leiwand wie
mia?« Dann, nach wenigen Augenblicken, verfiel sie wieder in die
alte Agonie.

»I scheiß auf ois. I bin im Oarsch daham. Lassts mi alle allanich,
es Oarschlöcher. I drah mi ham!«

Bruno flüchtete in die Arbeit. Oft blieb er über Nacht in der Rabengasse und »kaffeezierte« dort, wie er es ausdrückte. Er war ständig
auf der Suche nach neuen Aromen. Er erfand »Pfannkuchenkaffee«,
eine »Salatröstung«, aus Chicorée-Salat, gemischt mit besonders
bitteren vietnamesischen Vorgartenbohnen (8,7 auf der Bückedich-
Skala), »Schiebhodenkaffee« und vor allem den »Teekaffee«, eine Mischung aus Ceylon-Teeblättern und Brasiliakaffeebohnen, um beide
Konsumentengruppen zu vereinen, so wie es die »Käsewurst« bei-
spielhaft geschafft hatte, Käse- und Wurstliebhaber gleichermaßen
zufriedenzustellen. Alle diese neuen Kreationen waren nett, befrie-
digten ihn aber nicht. Es fehlte nach wie vor das Besondere, das Ein-
zigartige, das, was »Bommi Kaffee« über andere Kaffeemarken stellen konnte.

Der Zufall kam ihm zu Hilfe. Einmal im Monat besuchte er die
Prinzen im »Palais Spechtl«, neben der trübsinnigen Ildikó die letzten Freunde, die ihm geblieben waren. Im Februar 1932 saß er auf

dem Marmorboden des Palais und spielte mit den glatzköpfigen Deppen »Wollknäuel-Fangen«, als der Tiroler Diener einen Gast meldete. »Eure hochwohlgeborenen Vollidioten, der Abmelker wäre da.« Zur Türe herein kam ein gutaussehender junger Mann in einer Husarenuniform, mit ausgezeichneten Umgangsformen und einer Pfeife im Mund. Er trug ein kleines Köfferchen, in dem Bruno eine merkwürdige Pumpenvorrichtung erkannte, dazu Gummihandschuhe und kleine Messbecherchen mit Deckeln, die Bruno aus der Urologenpraxis kannte. Der Husar schlug die Hacken zusammen und näselte: »Gott zum Gruß, die Prinzen. Der Herr? Erlaube mich vorzustellen. August Ritter von Riechmich mein Name. Ich darf mit der feierlichen Abnahme beginnen.« Riechmich zog sich die Gummihandschuhe an, setzte sich zu den Prinzen auf den Boden und begann zu Brunos großer Verwunderung, Prinz Purzls Hose zu öffnen, sein zahnstochergroßes Glied zu packen, und mit routinierten, zackigen Reibebewegungen gelang es ihm schnell, Prinz Purzl zur Ejakulation zu bringen. Die wenigen, traurigen Tröpfchen, die aus des Prinzen winzigem Penis kamen, fing Riechmich geschickt in einem der Messbecher auf. Mit den anderen Prinzen tat er das Gleiche. Nur bei Prinz Alfons musste er die Absaugpumpe benutzen.

Unglaublich, dachte Bruno. Hier war tatsächlich ein Prinzen-Abmelker zugange. Im Auftrag des Altösterreichischen k. und. k. Adelsverbandes hatte dieser höfliche, liberale junge Mann die Aufgabe, das Erbgut derer von Spechtl zu sichern. Wann immer eine Adelsfamilie auszusterben drohte, kam so ein diskreter Abmelker, um dann den Adelssamen in einer Samenbank der Wiener Hofburg unterhalb der Michaelerstiege zu verwahren.

»Dankschön. Gschamster Diener. Servus und auf Wiedersehen«, hieß es und der Abmelker verschwand so schnell, wie er gekommen war. Der Besuch hatte kaum fünf Minuten gedauert.

Die Prinzen waren müde und der Diener reichte einem nach dem anderen die Pfeife danach. Da entdeckte Bruno einen milchigen Tropfen direkt im linken Auge einer Mutter-Gottes-Statue, die auf einer der zahlreichen Kaviarkommoden stand. Einer der peinlichen Prinzen hatte offensichtlich übers Ziel hinausgeschossen. (Vgl.

Deutschlands dümmste Samenspender. Das Drehbuch zu einer Pilot-sendung für den Fernsehsender RTL II. In dieser umstrittenen Show werden mit versteckter Kamera Samenspender der Unterschicht bei ihrer Tätigkeit gefilmt. Eine Jury, bestehend aus Ramona Drews, Dr. Müller-Wohlfahrt und Detlev D. Soost wählt dann das schlech-teste Genmaterial des Landes. Der Produzent des Siegersamens darf sich dann »Deutschlands dümmster Samenspender« nennen. Sieger der nie ausgestrahlten Pilotfolge wurde übrigens der Vater von Ra-mona Drews, die daraufhin die Sendungsmacher bei Richterin Bar-bara Salesch verklagte.)

Bruno nahm intuitiv die Statue mit dem Tropfen an sich und ver-ließ eiligen Fußes das Palais. Ängstlich, dass der Prinzentropfen ver-dunstet oder anders verloren geht, beeilte er sich in seine Röststube. Er machte sich atemlos eine Tasse Mokka und tunkte mit zittrigen Fingern die Marienstatue bis zu den Augen in den Kaffee. Der Prin-zentropfen vermischte sich langsam in elliptischen Bahnen mit dem schwarzen Kaffee. Ungläubig starrte Bruno in die Tasse. Die Reak-tion der beiden Flüssigkeiten aufeinander war erstaunlich. Noch nie hatte er ein so sattes, schönes Goldbraun in einer Tasse gesehen. Der Kaffee sah wertvoll aus, wie flüssiges Gold. Bruno spürte, dass dies ein großer Moment war. Josef Ressel hatte sich bei der Erfindung der Schiffsschraube nicht erhabener fühlen können. Wenn jetzt auch noch der Geschmack das hielt, was das Aussehen versprach, es war gar nicht auszudenken. Er führte die Tasse zu seinen Lippen und trank.

Bruno drohte ohnmächtig zu werden. So etwas Fantastisches hatte seine Zungenspitze noch nie berührt, etwas so Aromatisches noch nie sein Gaumenzäpfchen geküsst. Reich und vollmundig ver-strömte der Inhalt dieser Tasse das Aroma der wunderbaren Welt des europäischen Hochadels. Er schmeckte nach Versailles und Schönbrunn, nach Brokat, Monte Carlo, weitläufigen Parkanlagen, Windhunden und Perlmutt. Nach Kronen und Thronen.

Aber was das Schönste für ihn war: Dieser Kaffee schmeckte leise nach Bommi, die ja mit den Prinzen verwandt gewesen war. Er schloss die Augen und sah die verstorbene Liebe seines Lebens vor sich und schmeckte sie auf seinen Lippen. Natürlich war Bruno bewusst, dass er mit diesem Experiment die sichere Seite des guten Geschmacks verlassen hatte, viel ekelhafter konnte man einen Kaffee nicht veredeln. Doch wer neue Ufer betreten will, muss sich manchmal auch die Füße nassmachen. Das Ergebnis, dieser unvergleichliche Geschmack, rechtfertigte das entsetzliche Rezept. Um ganz sicherzugehen, rief Bruno die im Hof schuftenden Indios herein und ließ sie am Kaffee nippen. Auch diese großen Fachleute in Sachen Kaffee redeten aufgeregt in ihrer Indiosprache, begannen zu tanzen und feierten den wohl besten Kaffee der Welt.

Besessen von seiner Idee stieg Bruno am nächsten Morgen in das finstere Kellergewölbe in der Wiener Hofburg. Hier war das seltsame, modrige Reich des Obermelkers Riechmich, der mit seiner Pfeife im Mund Messbecherchen in Regale schichtete. (Anm.: August Ritter von Riechmich [1905–1938] hatte einst mit Sigmund Freud zusammen an Aalhoden-Untersuchungen in Triest teilgenommen, bis er sich ab 1929 ganz auf Adelssperma spezialisierte. Riechmich starb 1938 auf dem Wiener Heldenplatz im dichten Gedränge.)

Die Regalwand mit dem Prinzensperma derer von Spechtl war riesengroß und platzte aus allen Nähten. An die 10.000 Becher voll mit Prinzensaft mochten hier stehen.

»Griaß Gott, Herr von Riechmich. Sogns, woasher brauchns denn so vi von dem Saftele?«

»Schauns, Sauermann, selbstverständlich is a bissl viel.«

Ritter Riechmich sprach nur durch die Nase, so, als hätte er Schnupfen. Tatsächlich war diese Ausdrucksweise Zeichen der Zugehörigkeit zur besseren Wiener Gesellschaft. Allerhöchste Kreise sprachen nur durch ein Nasenloch. »Aus der Menge, Sauermann, könnt ma a ganze Prinzenarmee machen. Aber, wenns mich fragen, braucht die Welt viel, aber nicht noch 20.000 depperte Prinzen. Der Adelsverband schreibts mir vor, so viel abzumelken. Ich kann nichts dagegen tun. Aber alle fünf Jahre werden die Samenbestände ausgemistet. Damit i selber net ersauf, Sauermann!«

Es war ein Leichtes, Riechmich für »Bommi Kaffee« zu gewinnen. Riechmich lieferte fortan gegen ein schönes Taschengeld große Men-

142   *Debilenmilch*

gen Prinzensamen direkt und diskret in die Rösterei, wo die fleißigen Indios ihn in kleine Döschen füllten. Diese vermeintlichen Kaffeesahnedöschen wurden zum gemahlenen »Bommi Kaffee« gesteckt und so als »5 Prinzen Mischung« verkauft.

Ein Etikett der »5 Prinzen Mischung«, 1932

»Bommi Kaffee – 5 Prinzen Mischung« schlug ein wie eine Bombe. Die Wiener waren begeistert, wussten aber und wissen bis heute nicht, was sie da eigentlich trinken. Die Geheimrezeptur lag in einem Tresor bei Brunos Notar, Dr. Freivogel. Bruno nannte die »5 Prinzen Mischung«, auch im Andenken an Dietrich Hans Schmand, Debilenmilch. Treffender könnte die Bezeichnung nicht sein, wenn man an die Erzeuger der kostbaren Flüssigkeit denkt. Prinz Poldi, Prinz Purzl, Prinz Alfons, Prinz Rudi und Prinz Seppi rauchten inzwischen mehrmals täglich die Pfeife danach, weil der Bedarf immer größer wurde. Die »5 Prinzen Mischung« machte Bruno unendlich reich. Er war zu den großen Kaffeebaronen aufgestiegen. (Vgl. *Europe's Biggest Roasters*, Lloyd, London, 1933. Eine Auflistung der einflussreichsten und erfolgreichsten Kaffeeröster, in der Bruno A. Sauermann im Jahr 1932 auf Platz 4 rangiert. Vor ihm: Sir Edward Illy-Kohl, Mimi Lavazza und Giorgio Segafredo.) Bruno kaufte das »Hotel Kummer« und das angrenzende »Café Ritter«, das Riesenrad und die Wiener Hofburg. Privat liefs weniger gut. Ildikó Turkman sprengte sich am 9. April 1933 nach dem Vorbild der Hoteliersgroßmutter mit einem Dynamitgürtel in die Luft. Teile Ildikós fand man im »Café Westend« am Ende der Inneren Mariahilferstraße und auf Gleis 9 des zwei Kilometer entfernten Westbahnhofs. Die Qualle Qualtinger überlebte die Explosion wie durch ein Wunder, obwohl sie zum Zeitpunkt der Detonation in Ildikós Schürze steckte. Die Qualle wurde Brunos letzte Bezugsperson, wenn man Quallen als Personen bezeichnen will.

Bei der Beisetzung der sterblichen Überreste, und es waren wirklich nur Reste, waren nur Bruno und die Qualle anwesend, als Ayatollah Walter, das geistliche Oberhaupt der Wiener Schiiten, seine Gebete sang.

Alle waren sie tot. Die Eltern, Schmand, Friez, Ildikó, Voelcker, Uli wahrscheinlich und Bommi. Warum hatte Gott ausgerechnet Erbarmen mit einer Qualle und einem Menschen, der aus debilen Prinzen Heißgetränke herstellte? Bruno weinte lange an Ildikós Grab auf dem Tausend-und-eine-Nacht-Friedhof. Er hatte alles erreicht und gleichzeitig alle verloren. Ihm wurde schwarz vor Augen, wie damals, als er zum ersten Mal den Kopf in Ildikós Handtasche gesteckt hatte, in besseren Zeiten. Er wurde ohnmächtig und fiel auf das frische Grab mit dem Halbmond.

Er erwachte im Alten Allgemeinen Krankenhaus und blickte ins Gesicht des Urologen Dr. Busch, den er noch aus Köln kannte. Busch war vor wenigen Wochen nach Wien gekommen, um dem Hitler-Regime zu entgehen, das seit Januar in Deutschland an der Macht war.

Dr. Busch hatte ihn ausgiebig untersucht. Er fackelte jetzt nicht lange und konfrontierte Bruno mit der niederschmetternden Diagnose.

»Bruno, es tut mir leid, dir das zu sagen. Du hast einen Klopfhoden, wir Mediziner sagen auch ›Läuthoden‹. Wir kennen verschiedene Stadien. Dein Hoden klopft im Endstadium, Bruno!«

»Woasher hoast dös?«, fragte Bruno schwach.

»Zwei Monate gebe ich dir noch, Bruno. Das heißt das.«

Dr. Busch erklärte ihm, dass durch den übermäßigen Kaffeekonsum der Herzmuskel überfordert war und deswegen seine Hoden die Pumpenfunktion übernommen hatten. Diese Arbeit können die Hoden allerdings nicht lange übernehmen. »Dieses Hodenherz«, erklärte Dr. Busch, »wird irgendwann den Geist aufgeben.« In Brunos Fall in acht Wochen.

»Wissens, i nehm imma Grammelschmalz. Grammelschmalz vom Kaninchen«, klammerte sich Bruno an seine letzte Hoffnung.

»Vergiss es, Bruno. Es ist aus. Mach dir noch ne schöne Zeit. Dein Kaffee ist übrigens ausgezeichnet!«

Kein Wunder, dass Urologen die »5 Prinzen Mischung« mochten, dachte sich Bruno und ging nach Hause, um stundenlang zu duschen. Seine Gelassenheit wunderte ihn. Merkwürdig, sein Todesurteil zu bekommen und sich einzuseifen, als wäre nichts geschehen. Ihm fiel ein, dass Werner Voelcker auch an Klopfhoden gelitten hatte.

(Vgl. Wolf Käferle, *Kranker Kaffee – Konsequenzen langjährigen Kaffeekonsums*, Edition Panik & Attacke, Berlin, 1991. Ein alarmierendes medizinisches Handbuch, das sehr reißerisch nahezu alle todbringenden Krankheiten auf die Wirkung des Koffeins zurückführt. Auch Aids und Dengue-Fieber sind für Käferle erwiesenermaßen eine zwangsläufige Folge von regelmäßigen Frühstückscappuccinos.)

Bruno holte die gerädeße Qualle zu sich unter die Dusche. Das viele Wasser schien Qualtinger gutzutun.

»No, du oarme Qualln? Bald host du goar niemand mehr, gö?« Er streichelte sie und setzte sich zu ihr in die Duschwanne. Er fragte sich, wie die Qualle alleine in Wien überleben sollte. Es gab niemanden, dem er die Pflege zutraute. Die Prinzen wären wohl kaum geeignet, sich um ein Tier zu kümmern. Die Donau kam auch nicht in

Frage. Quallen können im Süßwasser nicht überleben. Sie brauchen Salzwasser.

»Moch ma no a Reise? A letzte Reise?«

Bruno fasste noch unter der geliebten Dusche den Entschluss, nun, am Ende seines Lebens, eine Reise zu unternehmen, die er schon als Kind mit dem Finger auf Schmands Globus gemacht hatte. Nackt und tropfend holte er den Erbglobus aus dem Schrank und notierte sich die Route seiner letzten Reise. Von A–Z. 47 Länder in 47 Tagen, das müsste sich ausgehen, dachte er. Er notierte: Burgas, Bukarest, Lima, Lissabon, Budapest, Zürich. Dann ging er nur noch nach dem Alphabet vor: Ägypten, Albanien, Andorra, Belgien, Bolivien, Brasilien, Dalmatien, Dänemark, Deutschland, Ecuador, England, Estland, Frankreich, Georgien, Ghana, Griechenland, Grönland, Guatemala, Haiti ... Kontinente und Entfernungen spielten in seiner Planung keine Rolle. Schließlich blieb sein Finger auf Z wie Zypern stehen. Bruno war jetzt 31 Jahre alt und die ganze Welt lag vor ihm.

Bruno A. Sauermann verließ Wien am 25. April 1933 mit einem Flugzeug der ÖLAG (Österreichische Luftverkehrs AG) Richtung Bulgarien. Die Stewardess Ute Lunke erinnerte sich an das tragbare Aquarium mit der Qualle, das Bruno als Bordgepäck dabeihatte. Schriftliche Aufzeichnungen der Weltreise gibt es nicht. Lediglich Berichte von Augenzeugen, die ihn an verschiedenen Orten sahen. Offensichtlich vermied Bruno jeden Kontakt in seinen letzten Tagen. Er hetzte durch die Welt, getrieben von seinem ambitionierten Vorhaben, so viele Länder in so kurzer Zeit zu besuchen.

Als »erschöpft und abgemagert« beschreibt der heute 98-jährige Zypriote Dimitros Santos Bruno Sauermann, den er am 14. Juni 1933 am Strand von Larnaka beobachtete. »Ich sah einen ausgemergelten, blassen Mann auf allen vieren. Er hatte offensichtlich große Schmerzen und griff sich mit der Linken immer wieder schreiend in den Schritt. Mit der Rechten warf er etwas Glitschiges ins Meer. Er winkte ins Meer und brach dann zusammen!«

Mit letzter Kraft hatte Bruno Qualtinger nach Hause gebracht. Die Qualle schwamm mit kräftigen Stößen ins offene Meer.

Bruno A. Sauermann fand seine letzte Ruhe neben Dietrich Hans Schmand auf dem 1.-FC-Köln-Friedhof in Köln.

Das Leben des Bruno A. Sauermann   *147*

Die abenteuerliche Reise
des Bruno A. Sauermann

Nachgereist und niedergeschrieben von
Dirk Stermann und Christoph Grissemann

Burgas

DIRK STERMANN: Mein Herz schlägt wie nach drei Litern Debilenmilch, weil der Flug sehr unruhig war. Eine günstige bulgarische Airline, mit einem sehr alten Flugzeug, bei dem alles kaputt war, außer der Schubumkehr. Wir sind also rückwärts von Wien hierhergeflogen. Erst beim Landeanflug haben wir erfahren, dass das Flugzeug im Zweiten Weltkrieg abgeschossen und von bulgarischen Bauern wieder aufgemotzt worden ist. Weil Grissemanns Darmblähungen sehr zur Freude der anderen Passagiere fünf Minuten lang ausblieben, sprach er unter Tränen von einem offensichtlichen Darmstillstand, der »jetzt wohl endgültig das Ende bedeutet«. Ich habe mir, direkt nach der Ankunft in Burgas, einen trockenen Blumenstrauß geknüpft, wie ihn die uralten bulgarischen Trauerweiber bei ihrem Veitsvolkstanz im Haar tragen. Alte, zahnlose Männer suchen jetzt Körperkontakt mit mir und werfen mir geile, zahnlose Blicke zu. Da ich mir von meinem Radiohonorar niemals eine Reise leisten könnte, verdiene ich mir hier ein paar Euro hinzu, indem ich für die Stiftung Warentest Sonnencremes teste, und zwar ausschließlich solche, die im vergangenen Jahr die Note »ungenügend« bekommen haben. Ich bin schon jetzt, nach wenigen Minuten in der Sonne, blutrot und habe große Angst.

CHRISTOPH GRISSEMANN: Ich habe schon beim Verlassen des Flughafens mit meinen sonderbaren Magengeräuschen einen alten bulgarischen Wolf angelockt, der nicht mehr von meiner Seite weicht und gerade neben mir am Strand liegt. Das Schwarze Meer heißt nicht zufällig so. Es ist ölverschmiert und nicht wirklich flüssig. Es sieht so aus, als hätte man eine riesige Pflaume zerdrückt. Interessant ist allerdings, dass der Strand genau da anfängt, wo das Wasser aufhört. Faszinierend. In der Hoffnung, so meinen angegriffenen Darm schonen zu können, habe ich in der prallen Sonne gerade viereinhalb Kilogramm bulgarischen Ziegenkäse gegessen und sechs große rohe Zwiebeln. Nachgespült habe ich mit einem dreiviertel Liter »Leichenschluck« aus Sofia, wo es übrigens im Zoo zurzeit ei-

Die Reise des Bruno A. Sauermann

nen eurasischen Luchs zu bestaunen gibt, und der beste Puff hier am Strand heißt »Bonkers«. Beide Informationen beziehe ich aus der deutschsprachigen Urlaubszeitung »Ballermann des Balkans«, in die der Ziegenkäse eingewickelt war. Der nasse Käse ist voller Druckerschwärze, ganze Sätze stehen auf dem Käse, aber ich kann die Schrift nicht lesen. Ob ich wohl mit einem Wolf zusammen in einen Zoo gehen kann – oder in den Puff? Ich habe ihn Werner genannt.

Bukarest

Nach Bukarest flog uns ein stark nach Maulbeerschnaps und Verwesung riechender, mit Feuermalen übersäter etwa 90-jähriger Rumäne, dem aber gottlob ein Armprothesen tragender, vollbärtiger Kopilot zur Seite gestellt wurde. Grissemanns Darmwand spielte in 10.000 Meter Höhe derart verrückt, dass er die gesamte Flugzeit schreiend im Bord-WC verbrachte. Eine drei Meter große, transsexuelle Stewardess versorgte ihn mit magenschonendem Windtee. Wir erreichten den Flughafen in Bukarest den Umständen entsprechend und mussten uns im Anschluss an die Landung um die Leiche des Piloten kümmern, der während des Sinkfluges leider den Herztod starb. Richtige Urlaubsstimmung kommt zurzeit nicht auf, zumal Grissemanns bulgarischer Wolf während des Fluges eine problematische Charakterwandlung durchmachte und mittlerweile allen in die Waden beißt, nicht nur Kindern. Wir machen uns jetzt erst mal auf den Weg an die Küste.

Ein Heißluftballon bringt uns schaukelnd ans Schwarze Meer. Von hier oben sehen die rumänischen Holzkirchen aus wie kleine Särge. Hübsch. Stermann cremt sich schon mal für den Strand ein. »Nivea – Brutalfaktor null für dumme Haut«, das passt ganz gut, denk ich mir, halte mit der linken Hand das Maul meines Wolfes zu und mit der rechten schreib ich. Ich denke, ich muss schleunigst einen Darminnenwand-Spezialisten aufsuchen, die Schmerzen fühlen sich an wie nach einem Bauchschuss und wenn ich mich recht entsinne, hatte ich den letzten halbwegs normalen Stuhlgang 1992. Ich muss bald handeln, will mir aber die Reise nicht vermiesen lassen. Noch arbeite ich mit Schmerztabletten. Auaaua! Ich schließe jetzt, wir landen gleich.

Die Reise des Bruno A. Sauermann

Lima

Jeweils drei kräftige Teller Schweinesuppe und fünf Hagebuttenbier, noch am Flughafen in Lima zu uns genommen, machten uns so richtig heiß auf den Aufenthalt in Peru. Der Flug war zwar ein Entführungsflug, sonst aber unauffällig, selbst Grissemanns Darm, sonst Garant für ständigen Lärm und wuchtiges Beben, blieb seltsam ruhig. Lima hat ja zehn Millionen Einwohner. Einen habe ich schon kennengelernt. Laut Brustschildchen Juan Diego Florez, seines Zeichens Toilettenreiniger am Flughafen. Juan unterstrich mit zwei satten Ohrfeigen, nur weil ich eine kleine Bombe vorm Check-in-Schalter zünden wollte, die peruanische Gastfreundlichkeit. Also, Spaß verstehen die Brüder hier keinen. Ich hoffe sehr, dieses Peru liegt an der Küste. Möchte schließlich ans Meer und nicht im primitiven Freibad meine Sonnenmilche testen. Sagt man Milche oder Milchs? Was weiß ich, ich schmier mich erst mal auf dem Frauenklo ein. »Nivea – Letzte Ölung. Für die tote Haut ab 90.« Hoffentlich schaut Juan nicht wieder her.

Die Sonne tut dem ständig eingeölten Stermann weiß Gott nicht gut. Vorm Abflug nach Lima hatte er nicht die geringste Ahnung, wo Peru überhaupt liegt. »Gefühlsmäßig irgendwo zwischen der Schweiz und Afrika«, so der gewichtige Düsseldorfer wortwörtlich. An die hiesige Kulinarik muss man sich gewöhnen. Schon Neugeborene verzehren hier täglich drei, vier Hirtenhunde am Spieß. Sonst aber ist Peru ein Traum und der Weintraubenschnaps eine Offenbarung. Und erst die zauberhafte peruanische Folklore! Die Großmütter tanzen eingehüllt in Hundekadaver bizarre Schüttel- und Schreitänze, um die Wettergötter gnädig zu stimmen. Schließlich hat es über 55 Grad im Schatten. Gott, welches große Glück ich fand im Andenland, im Andenland!

154   Debilenmilch

Lissabon

Es ist 12 Uhr mittags, und ich bin ziemlich schlecht gelaunt, weil ich noch immer kein »All you can eat«-Restaurant in der Lissabonner Altstadt finden konnte. Einen ganzen Schinken aus Porto geschultert, den ich am Abend zu mir nehmen möchte, rase ich mit Grissemann durch die Alfama. So heißt die Altstadt hier. Grissemann gefällt der Name Alfama so gut, dass er seine Tochter so nennen will. Nur gut, dass Grissemann nicht nur darmanfällig, sondern auch noch hochgradig zeugungsunfähig ist, so dass es nie zu einer Alfama Maria Grissemann kommen wird. Wer nennt seine Tochter auch nach einer Altstadt, die vor gar nicht langer Zeit fürchterlich gebrannt hat? Gott, hab ich Hunger, mein Magenknurren übertönt sogar das Gequietsche der Straßenbahn. Für den Nachmittag ist ein Ausflug an den Strand geplant, muss schließlich wieder Sonnenmilch testen. Heute ein Produkt mit dem Namen »Krebs 2000 – Wir sagen, wie es ist«. Grissemann will mit einem gemieteten Leichenwagen zur Strandpromenade fahren, um dem dreckigen Touristenpack einen Höllenschreck einzujagen, wie er sagt. Entspannung pur!

Die portugiesische Sprache erinnert irgendwie an unseren Radiosender. Eiernde Vokale, verschluckte Silben, besoffene Satzbögen. Außen Tui und innen pfui, das ist Portugal, wenn man es als spießiger Vollpensionidiot erlebt. Die Fado-Sängerin erledigt gelangweilt einen jämmerlichen Playbackauftritt, die sprichwörtliche portugiesische Sehnsucht erweist sich als schnöde Sehnsucht nach den Scheinchen und im Meer schaukelt doch glatt zugegeben beneidenswert gut strukturierter, aber doch ekelhafter deutscher Touristenstuhl. Der Kirschschnaps, der von sympathischen Schnurrbartträgern hier schon frühmorgens getrunken wird, hat meinen angegriffenen Darmmantel derart verwirrt, dass ich kaum mehr Schmerz verspüre. Grundsätzlich wäre Portugal ganz dufte, wenn es nicht so unverschämt katholisch wäre. Drei Kirchen pro Einwohner sind mir eine Nuance zu gottesorientiert.

Das Reise des Bruno A. Sauermann

Budapest

Die Sonne lacht und Budapest ist wunderschön. Spaziere die Donau entlang und überlege die ganze Zeit, mich zum Hütchenspieler ausbilden zu lassen. Entsprechende Kurse werden hier unter der Fischerbrücke angeboten. Ich weiß, dass meine Tage beim Radio gezählt sind, und als Hütchenspieler bliebe ich zumindest im – wenn man so will – Showbiz, na ja. Sind im berühmten Gellerthotel in Budapest untergebracht. Hab versehentlich im Dampfbad übernachtet. Meine Augen sind beschlagen und ich habe nun die Haut eines verdörrten Neugeborenen, aber sonst bin ich gesund. Der Hunger eines ganzen Braunbärrudels treibt mich schon frühmorgens in die Straßen. Und die Morgensonne nütze ich, um eine neue Sonnenmilch zu testen: »Nivea Schweini – Schutzfaktor 06. Für die rosige deutsche Haut«. Eine Sonnencreme, die sich nach der Fußball-WM milliardenfach verkauft hat. Grissemann schläft noch.

Ich dreh durch hier in Budapest. Habe heute Morgen beinahe das Zimmermädchen im Gellerthotel erwürgt. Aber der Reihe nach. Normalerweise schlafe ich nicht vor 6 Uhr früh ein und dann brauche ich drei Stunden zwanzig reine Schlafzeit, das genügt mir. Zu viel Schlaf macht dumm, aber was macht dieses Miststück von Zimmerhure? Poltert um Punkt Acht mit Staubwedel in der Rechten in mein Zimmer und steht vor meinem Bett, auf dem ich nackt aufgebahrt, mit einer Rose in den Händen, schlafe. Hab das Stubenmädchen sofort in den Schwitzkasten genommen und gezwungen, hundertmal »Do not disturb« an die Wand zu schreiben. Werde heute ins »Holiday Inn« umziehen und meine Zimmertüre mit Brettern vernageln. Mir reichts, Budapest interessiert mich einen Scheißdreck.

156   *Debilenmilch*

Zürich

Am Züricher Flughafen die erste Aufregung. Erstens haben meine Goldzähne bei der Sicherheitskontrolle gepiepst – ein anwesender Zahnarzt, der nach Schnaps roch, hat alle 16 ziehen müssen. Außerdem hab ich bei dem schrecklichen Urlaubsgewusel am Flughafen kurzzeitig meine flüchtige Reisebekanntschaft Grissemann verloren. Die Suche hat einen halben Tag in Anspruch genommen, er wurde wie ein unbeaufsichtigtes Gepäckstück von der Polizei mitgenommen. Hab ihn beim Lost-and-found-Schalter gegen eine Kokosnuss eingetauscht, an der Krawatte gepackt und nun sind wir mit dem Hubschrauber hier am Genfer See gelandet. Herrlich! Inmitten von greisen Psoriasispatienten und blassen Schweizer Textilgroßhändlern liege ich jetzt gerade auf einer Sonnenliege. Ach ja: Die Sonnencreme, die ich heute teste, heißt »Red Bull Sun«. Aus dem Hause Mateschitz. Kein Schutzfaktor, dafür stark riechend und rot. Sehe aus wie blutüberströmt, hier am Ufer des Genfer Sees. Immer wieder schrecken Menschen mit spitzen Schreien vor mir zurück. Essen ist sehr gut.

Ich habe hier im noblen Genf eine kleine Haartransplantation vornehmen lassen. Jetzt muss ich hier am See Hut tragen. Einerseits als Schutz, andererseits sind die Nähte so gut abgedeckt und nicht sichtbar. Der Arzt sagte, zwei Tage wird jetzt die Stirn etwas geschwollen sein. Die Krusten im transplantierten Areal werden nach weniger als zehn Tagen abfallen. Wir sind schon ein seltsames Paar hier am See. Der eine mit roter Suppe im Gesicht, der andere mit Schlapphut. Und dann ist ja auch immer mein bulgarischer Wolf dabei, der sich im Hotel keine Freunde machte, weil er bis auf den Koch alle krankenhausreif gebissen hat. Stermann ist neben mir auf der Liege eingeschlafen und spricht im Schlaf von »zehn Tellern Züricher Geschnetzeltem«.

Das Reise des Bruno A. Sauermann

Ägypten

Ich bin etwas geknickt. Ich war hier in Kairo im Ägyptischen Museum und bin eingeschlafen. Die Reise ist doch sehr strapaziös. Als ich wach wurde, stand eine Schulklasse um mich herum. Sie hielten mich für ein Ausstellungsstück. Wahnsinn. Schau ich so alt aus? Und wenn ja, darf ich trotzdem weiter beim Radio arbeiten? Einem Teenie-Sender? Tatsächlich aber schau ich im Moment etwas mumifiziert aus wegen der katastrophalen Sonnencreme, die ich zurzeit ausprobieren muss für die Stiftung Warentest. »Slobodan« heißt sie, ein serbisches Produkt, für das Peter Handke Werbung macht. Das Logo ist eine Handgranate, die in einem Gesicht explodiert, und so ähnlich fühlt sie sich auch an. Im Moment machen Grissemann und ich eine Nilkreuzfahrt, seit der Früh schon sind wir auf dem Segelboot, einer Feluke, aber wir legen einfach nicht ab, entweder hat der Kapitän Angst vor Grissemanns Wolf oder er ist gar kein Kapitän. Seit wir ihm das Geld gegeben haben, hab ich ihn nicht mehr gesehen. Na ja, eine Nilkreuzfahrt muss ja nicht unbedingt heißen, dass man auch fährt. Nil ist Nil. Ich habe am Flussufer eine Scherbe gefunden und eingesteckt. So wie Sauermann. Seine Scherbe stellte sich als Teil einer Vase eines ägyptischen Hohepriesters heraus. Meine ist wohl nicht so spektakulär. Ich kann das Wort »Taiwan« erkennen.

Peinlich. Erst jetzt, nach vielen Stunden, sind wir drauf gekommen, dass es gar kein Boot ist, in dem wir sitzen, sondern ein Bootssteg. Es gibt gar kein Boot und das ist auch gar nicht der Nil, sondern ein Abwasserkanal. Da hat uns dieser Kapitän ja ordentlich übers Ohr gehauen. Vorher wurden wir auch schon reingelegt. »Mit dem Jeep durch die Wüste in eine Oase« lautete das Angebot. Es war zwar etwas teuer, fast fünfhundert Euro, ein stolzer Preis für einen zweistündigen Ausflug, aber wann kommt man schon mal in eine Oase als Wiener? Tatsächlich aber fuhren wir nicht mit einem Jeep, sondern mit einem Linienbus vom Hauptbahnhof zwei Stationen weit zu einem Imbissstand. Der Imbissstand heißt »Oase«, und es gibt völlig überteuertes Wasser zu trinken. Hundert Euro die Flasche.

Wüstenpreise. Als wir uns bei der Reiseleitung beschweren wollten, war unser Guide schon eine Staubwolke. Auf dem Ausflug zum Kamelmarkt haben wir nur ein einziges uraltes, magenkrankes Kamel gesehen, das so wie ich anscheinend an Darmstillstand leidet. Es hat Stermann in den feuerroten Slobodan-Kopf gebissen, die Kameltreiber haben Stermann empfohlen, nach Luxor ins Tal der Toten zu fahren und gleich dort zu bleiben. Ich kann Kairo nur empfehlen, möchte aber nie wieder herkommen.

Das Reise des Bruno A. Sauermann

Albanien

Meine aktuelle Sonnencreme heißt »Skin fire« und hält, was der Name verspricht. Die WHO hat »Skin fire« auf dem Index – zu Recht, muss ich sagen. Meine Haut gleicht einem polnischen Sumpf. Grün, braun und nässend. Trotzdem versuche ich das Beste aus unserem Aufenthalt in Albanien zu machen. Es war schon sehr interessant. Wir haben eine tote Möwe auf einem verbrannten Holzschuppen gesehen und ein rostiges Gewehr, mindestens hundert Jahre alt und völlig verbogen. Interessanterweise hat dann aber doch mit diesem Gewehr ein Bauer auf uns geschossen. Zu Recht, wir haben ihn nach dem Weg gefragt. Das mag man hier halt nicht. Außerdem trägt Grissemann wieder sein »House of Pain«-T-Shirt, wahrscheinlich hat das dem Bauern Angst gemacht. Ich trage ein »Wir sind Helden«-Girlie-Shirt in XS, alles andere täte meiner Haut zu weh. Albanien ist interessant, insbesondere aus sicherer Entfernung. Wenn man mittendrin ist, muss man ständig vor Angst zittern. Grissemann ist eben in einen Steinschlag geraten. Vielleicht sollte ich ihn ausgraben. Das sind mindestens fünfzig oder sechzig schwere Felsbrocken, die da auf meinem Kollegen liegen.

Der Steinschlag war für meinen Darm nicht sehr förderlich. Mein Darmstillstand wurde zu einer Art Darmbewusstlosigkeit. Aber jetzt gehts mir schon wieder viel besser. Ich liege regungslos auf einer staubigen Straße und diktiere Stermann diese Zeilen. Ich wurde vom Blitz getroffen, mehrmals, und eine Windrose hat mir die Frisur auf immer zerstört. Aber natürlich ist es toll, einmal so hautnah Natur zu erleben. Na ja, Natur ... Albanien hat die höchste Umweltverschmutzung in Europa, jeder Bewohner atmet pro Tag durchschnittlich ein halbes Kilogramm Staub ein. Ich selber hab in den paar Tagen, seit wir hier sind, fast drei Kilogramm zugenommen, ohne zu essen, reiner Staub wahrscheinlich. Blähe ich, kommt eine Staubwolke hinten raus. Dafür ist unser Quartier billig. Ein Bunker aus kommunistischer Zeit, in unserem Zimmer verbrennt der Hotel- beziehungsweise Bunkerdirektor alle Arten von Müll, auch Sondermüll, giftige

Lacke und in der EU längst verbotene Substanzen. Sonst ist es schön, die Seele baumeln zu lassen. Nach der harten Arbeit beim Radio brauch ich einfach mal ein paar sorglose Tage.

Die Reise des Bruno A. Sauermann

Andorra

Ich bin gerade in Andorra, Moment, bin schon wieder draußen, jetzt wieder drin, wieder draußen, wieder in Andorra. Ich schreibe im Gehen und Andorra ist sehr klein. Wenn jemand Andorra besucht, müssen alle Andorraner das Land verlassen, weil es sonst zu eng wird. Teile meines Körpers hängen nach Spanien rein, ein großer Teil meines Bauches reicht nach Frankreich rüber. Leider habe ich auf der Reise fast siebzig Kilogramm zugenommen, das rächt sich jetzt. Andorra ist für solche Maße nicht ausgerüstet, obwohl Andorra der größte unter den fünf europäischen Zwergstaaten ist. Andorra ist übrigens ein Kofürstentum, wurde 1278 gegründet und hat laut Verfassung zwei Staatsoberhäupter: den spanischen Bischof von Seo de Urgel und den französischen Staatspräsidenten. Ich teste zurzeit die Sonnencreme »Inferno«, die von der Stiftung Warentest im vergangenen Jahr null von 25 möglichen Sternen bekommen hat. Sie wirkt nicht, ich bin am ganzen Körper puterrot, obwohl es seit Tagen regnet und die Temperaturen sich knapp über dem Gefrierpunkt bewegen. Ich habe große Schmerzen und schreie deshalb laut, in den Bergen Andorras gibt das ein wunderschönes Echo. Den Sonnenbrand hab ich zur Kühlung mit Joghurt eingeschmiert, Grissemanns Wolf leckt mir den Joghurt aber immer wieder ab. Ich habe so wie Sauermann seinerzeit auch ein Nylonsäckchen mit Staub aus Andorra gefüllt. Aber wozu?

Der Esel, auf dem ich nach Andorra geritten bin, hatte Durchfall, den er mir mit seinem Schweif gegen meinen Rücken geschleudert hat. Mein schönes blütenweißes Bürohemd ist jetzt rückseitig ganz vollgeschissen, aber ich habe den Esel nicht bestraft, er brach ohnehin am Ziel zusammen. Mit einem so kleinen Esel möchte ich nie mehr reiten müssen. Der Esel war höchstens siebzig Zentimeter hoch, meine Knie schleiften beim Ritt am Boden. Welche Ironie, dass ausgerechnet ich mit meinem Darmstillstand einen darmkranken Esel erwische. Jetzt sind wir in Andorra und ich möchte, so schnell es geht, wieder weg. Ich hasse Zwergstaaten, weil sie mich an meine eigene Bedeutungslosigkeit erinnern. Mir hilft dann immer ein Blick auf Stermann, der wiederum im Vergleich zu mir noch bedeutungsloser ist. Das richtet mich auf. Statt eines Reiseführers hat Stermann Max Frisch mitgenommen, *Andorra*, jetzt flucht er, weil im Frisch kein Stadtplan ist. Ich überlege, ob ich für meine angegriffene Darmflora auch Joghurt von Stermanns Körper lecken soll, aber ich glaub, da hab ich lieber Blähungen, als an der deutschen Wampe zu schlecken.

Belgien

Unser Animateur schläft seit zwei Tagen seinen Rausch aus, nachdem er gleich am Beginn der Reise einen LSD-Trip eingeworfen hat. Er sagte, dass ein LSD-Trip die einzige Möglichkeit sei, einen Aufenthalt in Belgien zu überstehen. Grissemann und ich und die restlichen Teilnehmer dieses Pauschalarrangements stehen jetzt seit fast zwanzig Stunden höflich vor dem schnarchenden Animateur, leise, um ihn nicht zu wecken. Aber richtige Reisestimmung kommt so einfach nicht auf. Das Meer ist fast zweihundert Kilometer entfernt, einen Pool hat das Hotel nicht und das Hotelrestaurant wurde vom Tourismusbüro vor vier Jahren geschlossen. Umso wichtiger wäre ein fantasievoller Animateur, denn wir wissen natürlich nicht, wie wir hier unsere Zeit totschlagen können. Das »Hotel« liegt inmitten einer riesigen Reihenhaussiedlung, wo aus den Fenstern depressive Belgier rausschauen, blass und aufgedunsen aufgrund großer Freudlosigkeit am Dasein. Ein zugesperrter Supermarkt macht keine Lust auf einen Einkaufsbummel. Es regnet und ich teste die Sonnenmilch »Exitus«, die von der Stiftung Warentest im vergangenen Jahr keinen von 25 Sternen erhalten hat, dafür aber fünf Rufzeichen. Meine Haut ist blau angelaufen, ich würde gerne zu einem Hautarzt gehen, aber der Einzige, der weiß, wo es einen gibt, ist der Animateur. Grissemann, der schon einmal hier in diesem Hotel war, erinnerte sich, dass so ein LSD-Rausch bei dem Animateur mehrere Wochen dauern kann.

Ich habe ein etwas schlechtes Gewissen, weil ich das Hotel hier in Lüttich empfohlen habe. Ich hatte es besser in Erinnerung. Ich meinte auch, mich erinnern zu können, dass die Zimmer überdacht sind. Nun, wenn es nicht so fürchterlich regnen und stürmen würde, wäre die viele frische Luft im Zimmer ja eigentlich ganz angenehm. Und dass, bis auf den freundlichen Animateur, niemand hier im Hotel arbeitet, zeigt doch eigentlich nur, dass man uns wie Erwachsene behandeln will, nicht wie Kinder, denen man mit Rezeptionisten, Köchen, Zimmermädchen und Hoteldirektoren doch nur alles in den Arsch schiebt. Wir werden ernst genommen, uns traut man zu, dass wir auch ohne jede fremde Hilfe hier klarkommen. Das ist doch schön! Natürlich wäre fließendes Wasser auch schön und ja, auch ich schlafe lieber unter einer Decke und nicht unter einem vollgestopften Müllsack, auch ich kann mir vorstellen, von der Sonne wachgeküsst zu werden und nicht von meterlangen Ratten. Aber Stermann übertreibt, wenn er von einem Horrortrip spricht. Ein wirklicher Horrortrip erwartet uns erst noch, in ein paar Tagen in Dänemark. Denn da war ich auch schon mal und das Hotel war wirklich schlecht.

Die Reise des Bruno A. Sauermann

Bolivien

In einem Naturpark fünfzig Kilometer nördlich von La Paz hat Grissemann heute Morgen den Angriff eines wilden Tieres nur knapp überlebt. Die Löwen waren nicht das Problem, auch nicht die kreischenden Affen, die mir die Haare büschelweise ausgerissen haben. Mit einem gezielten Schlag gegen die Halsschlagader hat der erstaunlich wendige Grissemann sogar einen aggressiven Elefantenbullen zur Strecke gebracht. Nein, es war ein naturgeschützter Schmetterling, der Grissemann zu einem erneuten Krankenhausaufenthalt zwang. Der sogenannte »Bolivianische Aktentaschenfalter«, eine braune Schmetterlingsart, die wie eine durch den Wind segelnde Aktentasche aussieht, ist Grissemann wohl durch Zufall in den Mund geflogen. Das kam so: Grissemann und ich standen vor einem mächtigen Baum, auf dem wundersame Tierchen auf und ab krabbelten. Es war ein ganzer Stamm Tintenstrahldruckertermiten, wie uns ein nach Zuckerrohrschnaps riechender Parkwächter erklärte. Dem aus dem Staunen nicht mehr rauskommenden Grissemann stand der Mund meterweit offen. Dieser Einladung wiederum konnte der Aktentaschenfalter nicht widerstehen und flog zack, zack in das Loch in Grissemanns Gesicht. Was dann folgte, war ein gespenstisches Husten, Erbrechen, Schreien und Herumgefuchtel Grissemanns, so dass man meinen konnte, der Teufel selbst wird gerade wahnsinnig. Während Grissemann mit dem Hubschrauber ins Hospital geflogen wurde, schmierte ich mir »Piz Buin Beelzebub« ins Gesicht. Sonnenmilch für Satanisten. Schutzfaktor 666.

Der Aktentaschenfalter, der mir heute Morgen schamlos in den Mund flog, hat es sich, nach Auskunft meines Ärzteteams, in meinem Enddarm gemütlich gemacht. Ausgerechnet. Als hätte ich dort nicht schon genug Probleme. Die medizinische Versorgung in Bolivien besteht im Wesentlichen aus Voodoo und Wasser, so dass ein Schweizer Darmexperte und ein niederländischer Schmetterlingswissenschaftler meine Betreuung übernommen haben. Eine Operation wurde kopfschüttelnd abgelehnt, weil man das Überleben des

Schmetterlings nicht garantieren könne. Mein Einwand, dass hier wohl gerade die falschen Prioritäten gesetzt werden, wurde mit einer Beruhigungsspritze quittiert. Ständig flattert es unheimlich in meinem Unterbauch. Ich möge den Aktentaschenfalter bitte schön auf natürlichem Wege wieder loswerden, wies mich der niedrige Niederländer an und der Schweizer Darmdoc wird mir am Abend ein Abführmittel für Nilpferde verabreichen. Noch bin ich halb Mensch, halb Schmetterling. Aber ich verlasse Bolivien – wenn alles gut geht – ohne Darmfalter!

Die Reise des Bruno A. Sauermann

Brasilien

Geschlauchter geht nicht. Der Flug nach Rio hat mir alles abverlangt. Weil der Gurt nicht funktioniert hat, mussten mich zwei schwule Stewards die ganze Flugzeit über an den Handgelenken festhalten, damit ich nicht durch die Luft sause, wenn wir in ein Luftloch geraten. War aber alles ganz ruhig. In Rio selbst dann geschätzte 86 Grad – und eine Lebensfreude! Selbst die Zollwache und Sicherheitsleute springen und kaspern ständig herum wie 5-Jährige, die von der Oma einen Lolli geschenkt bekommen haben. In Rio bringt man sich nicht um. Hier wird man höchstens umgebracht. Muss unbedingt einen Sambakurs belegen! Mir gefällts, nur der missmutige Grissemann macht im pechschwarzen Zweireiher und Künstlerschal eine denkbar lächerliche Figur. Die Sonne blendet unglaublich und ist so kräftig, dass man meinen könnte, sie sei nur etwa zwanzig, dreißig Meter weg. Ich teste folgerichtig Sonnenmilch »Melanomia – Für ihr letztes Sonnenbad«.

Das ist nicht mein Kulturkreis, ich gebs zu. Alles tanzt und lacht, ich mag aber niedergeschlagene Menschen lieber, solche, die nach dem zweiten Schnaps zu weinen beginnen, weil die Ehe fürchterlich ist oder die Privatinsolvenz ansteht. Die komplett durchgedrehte brasilianische Transsexuelle, bei der wir heute untergebracht sind, serviert das üppige Frühstück unten ohne mit Federboa im Arsch und singt dabei brüllend laut »Live Is Live« von »Opus«. Damit will sie Österreich-Verbundenheit demonstrieren. Wir wohnen direkt an der berühmten Copacabana und als wir am Strand lagen, kamen unverzüglich fünf Tanga-Girls und wollten Stermann zurück ins Meer ziehen. Ein alter Witz, ich weiß. Aber immer wieder lustig!

Dalmatien

Dubrovnik, die Perle Dalmatiens, ist wunderschön. Mittelalterlich. Leider wie das Essen in unserem Hotel. Auf dem Schimmel der meisten Speisen hat sich bereits Schimmel gebildet. Milchprodukte, die vor Jahrhunderten abgelaufen sind, verweste Fleischbrocken von Tieren, die vor Jahrtausenden ausgestorben sind. Sogar das Wasser ist schimmelig. Beim Brot haben wir gerade eine tolle Entdeckung gemacht. Denn Sauermann hat sich auf dem Brot verewigt. Mit einem Messer hat er seine Initialen eingeritzt. B. A. S. Das Brot war wohl damals schon steinhart. Ich habe seit Stunden Schluckauf, weil ich beim Niesen Pfefferonisamen eingeatmet habe. Aber sonst gefällt es mir sehr gut in Dubrovnik. Ich benutze eine Sonnencreme mit dem schönen Namen »Sonnenbrand«, Sonnenschutzfaktor 0,2. Ich habe sie nachts aufgetragen im stromlosen, finsteren Hotelzimmer und habe sofort einen dermatologischen Höllenritt erlebt. Meine Haut blubberte, sie machte Geräusche, regelrechte Hilfeschreie, kurz, ich werde der Stiftung Warentest mitteilen, dass die bereits im vergangenen Jahr mit null Punkten bewertete Sonnencreme sich auch jetzt nicht sehr verbessert zeigt. Hätte ich beim Radio ein bisschen mehr Geld verdient, müsste ich meiner Haut jetzt nicht solche Schrecklichkeiten antun und mir ein paar Cent als Sonnencremetester dazuverdienen.

Dubrovnik ist Weltkulturerbe. Ich wär auch gern Weltkulturerbe, und zwar alleiniger, testamentarisch verbrieft und versiegelt. Dann würde ich alles verkaufen und mir endlich auch mal gute Hotels leisten können. Dass in unserem Hotel Asbest hergestellt wird und Seveso-Gift gelagert wird, finde ich aus fremdenverkehrstechnischer Sicht unglücklich. Auch dass der Boden geteert wird, und zwar genau jetzt, ist ungewöhnlich und ein gastronomischer Fehler. Alle anderen Gäste sind abgereist, weil sie sich die Füße auf dem kochenden Teer verbrannt haben. Nur Stermann und ich bleiben, weil wir die Reise vorab bezahlt haben. An den Strand dürfen wir auch nicht, weil die Behörden glauben, Stermanns furchtbarer Sonnenbrand sei ansteckend. Und ich darf nicht an den Strand wegen meines Wolfes, der noch immer mein treuer Begleiter ist. Gestern Abend sind wir in eine Hochzeitsfeier geraten. Ich erhob mein Schnapsglas und hielt eine Lobrede auf Serbien. Ich hatte vergessen, dass Dubrovnik Kroatien ist, und dass die Hochzeitsgäste kroatische Nationalisten waren, konnte ich auch nicht ahnen. Zum ersten Mal hat mir der Wolf wirklich gute Dienste geleistet. Mir hat das Erlebnis einmal mehr gezeigt, dass man sich auf die Länder, die man bereist, immer vorbereiten sollte.

Dänemark

Ich erinnerte mich an die humorige Radioaktion »Sagen Sie es uns, wir sagens Dänen«, als wir in Dänemark angerufen haben und nette Sinnsprüche von Hörern hinterlassen haben. Nun, seit damals gelten Grissemann und ich in Dänemark als geistig behindert. Deshalb wurden wir auch sofort nach unserer Ankunft von einem Krankenwagen aus unserem Hotel abgeholt und in ein Heim gebracht, wo uns bekiffte Zivildiener mit Holzklötzen beschäftigen. Wir haben natürlich die österreichische Botschaft gebeten, uns zu helfen. Der Botschafter sagte, er könnte uns helfen, er wolle aber nicht. Na ja, wir können ihn natürlich nicht zwingen. Wir bauen also mit den Holzklötzen berühmte Gebäude von Kopenhagen nach: die neue Oper, das Rosenborg Slot, den Tivoli. Grissemann hat sogar aus drei viereckigen Holzklötzen die berühmte kleine Meerjungfrau nachgebaut, und zwar eins zu eins. Wahnsinn, wirklich toll, Grissemann fühlt sich hier im Heim sehr wohl und blüht richtig auf, der lauwarme Brei, den es hier dreimal am Tag gibt, tut seinem Darm gut. Ich teste schon wieder eine neue Sonnencreme:»Vesuv-Visage« heißt sie und macht ihrem Namen alle Ehre. Als ich sie auftrug, wurden die obersten sechs Hautschichten sofort weggeätzt. Mein Testbericht wird nicht sehr freundlich ausfallen.

Unsere Zivildiener wohnen im Freistaat Christiania, einer früheren Hippiekommune in Kopenhagen. Sie haben mehrere Meter lange Haare und Filzstifte in den Haaren. Dreadlocks. In den Haaren verstecken sie Kiloweise Haschisch und Gras. Im Heim riechts wie in einer Wasserpfeife. Mein Wolf liegt betäubt in einer Ecke, Stermann sieht aus wie ein Brandopfer und liegt lallend auf dem Wolf. Ich habe gerade den dänischen Hippies die Wiener Staatsoper nachgebaut, aus nur einem Bauklotz. Sie haben sehr gestaunt. Wenn ich was kann, dann bauen. Ich hab schon mal aus nur zwei Streichhölzern detailgetreu New York nachgebaut. Na ja, in vielen einsamen Stunden und langen, kalten Winternächten hab ich halt daheim mit dem Basteln begonnen. Mein Großonkel hatte ja schon in den zwanziger

Die Reise des Bruno A. Sauermann

Jahren diese Bastelsendung im Radio. Basteln mit Oskar Grissemann. Das Talent wurde an mich weitergegeben. Aus meinem Brei werde ich am Abend Entlassungsscheine für Stermann und mich basteln, so dass wir als freie Männer aus Dänemark rauskommen.

Deutschland

Zugegeben, Bonn ist nicht gerade für seine touristische Strahlkraft bekannt, aber einen Tag kann man es hier schon aushalten. Der Bonner Vizebürgermeister hat uns zum Mittagessen eingeladen. Ein nobler Zug, umso peinlicher, dass Grissemann während des Essens mehrmals grob abwertend über das hübsche Bonn sprach. Langweilig sei es hier, die wenigen Sehenswürdigkeiten täten im Auge weh, meinte er, die Menschen seien allesamt spießig und kleinkariert und der ganze Sermon gipfelte in dem niederschmetternden Satz »Jemand sollte Bonn anzünden, damit die ganze Scheiße hier ein Ende hat«. Da waren wir gerade beim Dessert und dem lieben Herrn Vizebürgermeister ist der Kastanienreis aus dem Mund gefallen. Seine Gattin fuhr den weinenden Politiker dann nach Hause und ich sprach mit Grissemann kein Wort mehr.

Ich bin stolzer Träger eines Journalistenausweises und der Ehrenkodex verpflichtet mich ja geradezu zur Wahrheit. Was kann ich dafür, dass sich der Herr Vizebürgermeister ausgerechnet Bonn zum Vorstehen ausgesucht hat? Es gibt so viele hübsche Städtchen auf der Welt. Allein die Bonner Küche ist ein Selbstmordgrund. Die Hotels alle laut und eng und die Ladys sehen alle aus wie das Merkelige. Ich steig da nicht runter und ich kanns beurteilen, ich bin dabei, die ganze Welt zu sehen. Bonn ist der sinnloseste Fleck auf der Landkarte. Ich bin sogar bereit, das vor Gericht zu beweisen. Köhler gegen Grissemann. Zwölf Bonner Geschworene, alles mausgraue Hausfrauen und peinliche Beamte, werden mir mit schamesrotem Kopf und zwölf zu null Stimmen Recht geben müssen: Bonn muss weg!

Die Reise des Bruno A. Sauermann

Ecuador

Dass Ecuador sehr hoch liegt, habe ich ja gewusst, aber unser Hotel liegt auf 15.000 Metern, die Luft ist hier so dünn, dass es aus dem Mund rausröchelt: erstickende Mundbakterien. Noch dazu haben wir in unserem Zimmer ein Stockbett und ich liege oben. Ich habe andauernd Nasenbluten, meine Lungen fallen in sich zusammen und für die Reste der Maja- oder Aztekenkultur habe ich keinen Blick, weil mir ständig Blutgefäße im Auge platzen. Weiter unten dröhnen die ganze Zeit über Passagierflugzeuge an unserem Hotel vorbei. Wir liegen mitten in einer Einflugschneise, 5.000 Meter unter uns herrscht ein Riesenbetrieb. Chimborazo, Cotopaxi, Cayambe, so heißen die Berge, alle weit über 10.000 Meter hoch. Irre. Wenn ich aus dem Fenster schaue, sehe ich die Discovery. Leider habe ich furchtbare Höhenangst. Mir ist deshalb durchgehend schwindelig und ich habe zwischen zwei Wimpernschlägen drei Panikattacken. Auch meine aktuelle Sonnencreme macht mir Sorgen. Sie heißt »Inquisition« und ist seit fast dreihundert Jahren weltweit verboten.

Unglaubliche Temperaturschwankungen gibt es hier oben. An der Küste Ecuadors herrschen das ganze Jahr über angenehme feuchtheiße, tropische 45 Grad, hier oben aber kann die Temperatur innerhalb einer Sekunde um bis zu neunzig Grad steigen oder fallen. Das ist für jeden Organismus sehr anstrengend, aber gerade mein Körper leidet doppelt. Die Luft besteht kaum aus Sauerstoff, sondern nur aus Stickstoff und Helium. Ich klinge wie eine Comicfigur. Man schwitzt hier oben erst Sturzbäche, dann plötzlich fällt die Temperatur auf minus sechzig oder siebzig Grad und der Schweiß gefriert. Sehr menschenfeindliches Klima. Dazu die Lavamengen, die aus dem Berg geschleudert werden. Kein Wunder, dass unser Hotel nicht so gut besucht ist. Wir sind die einzigen Gäste. Und nicht nur das, wir sind auch die einzigen Menschen. Alle anderen haben fluchtartig das Gebäude verlassen. Das Personal hat wohl den Nachrichten geglaubt, dass der ganze Berg in die Luft fl...

England

Durch meine guten Verbindungen zur »Box-Union Favoriten« habe ich Wayne Rooneys Vater bei einem illegalen Kickbox-Event von Minderjährigen kennengelernt. Wayne Rooneys Vater war ja Boxer, Wayne auch, er hat sich erst mit 13 für den Fußball entschieden – obwohl, so richtig hat er mit dem Boxen nicht aufgehört, wenn man ihm beim Spielen so zuschaut. Wayne Rooneys Vater hat mir Fotos von seinem Sohn gezeigt, auf denen der kleine Wayne immer als Kampfhund verkleidet war. »Warum ist Ihr Sohn denn immer als Kampfhund verkleidet?«, fragte ich naiv und danach kann ich mich an nichts mehr erinnern. Grundsätzlich ist Liverpool als Sommerreiseziel nicht zu empfehlen. Das gilt auch für Herbst, Winter und Frühling. Dauerregen macht mich schwermütig. Meine Sonnencreme »Waterloo« ist furchtbar, ich hätte mich nie auf diese Testreihe einlassen dürfen. Die Haut wird porös, teilweise schimmern meine Knochen durch. Wie reagiert die Haut erst, wenn die Sonne scheint? Interessanterweise schmeckt in Liverpool nicht mal das indische oder chinesische Essen. Wir bereiten uns auf einem Campingkocher überfahrene Tauben zu, das schmeckt auch nicht, wir wissen aber zumindest, woraus es gemacht wird.

Ich fühle mich in Liverpool sehr wohl, viele Menschen haben hier Darmprobleme, in England hat jeder Zweite einen Darmstillstand, dreißig Prozent haben Darmrückgang, achtzig Prozent generelle Darmschwäche. So was les ich nie in den Webgeschichten unseres Kollegen Robert Rotifer aus England. Eigentlich wollten wir ihn und seine Familie in Canterbury besuchen, aber Roberts Kinder haben Angst vor meinem Wolf und seine Freundin hat Angst vor Stermann. Also sind wir nach Liverpool gefahren, weil Stermann sich ja nur in Arbeitergegenden wohlfühlt. Er hat ein Hotel unter Tage für uns ausgesucht, aus den Nebenzimmern kommen Rufe von Verschütteten, ich bin etwas gerädert, weil ich so kein Auge zutun kann. Stermann, der linke Spinner und Sozialromantiker, verkauft den Radiosender, für den wir arbeiten, hier übrigens als Working-Class-Radio. Als Proletarierradio. »Union-Radio – United we stand« hat er sich auf seine Brust tätowieren lassen. Ich selber bin drauf gekommen, dass mir nur zwei Namen der Beatles einfallen, die ja von hier kommen. Joe Lennon und Ring Star. Aber der Dritte? Will mir nicht einfallen. Ich fühl mich wie ein Globetrottel. Sauermann ist ja bei seiner Reise nur bis Dover gekommen. Kurz aus der Fähre ausgestiegen, Linksverkehr angeschaut und wieder zurück auf die Fähre. Auf zu neuen Abenteuern.

Estland

Ich habe hier in Estland allen Kolleginnen und Kollegen vom Radio ein Souvenir gekauft. Und zwar einen bemalten Kieselstein vom höchsten Berg Estlands, dem über dreihundert Meter hohen Suur Munamägi. Ein übrigens stinkfader Berg. Grissemann schaut stundenlang auf den Finnischen Meerbusen und ist ein bisschen geil geworden, ich selbst verwickle die größtenteils konfessionslosen Esten in Gespräche übers Christentum. Geben ist seliger denn nehmen, mein Thema. Mit anderen Worten: Ich bin pleite und bettle auf Tallinns Straßen, aber ich hab noch keine einzige estnische Krone bekommen. »Mu isamaa, mu önn ja rööm«, murmele ich vor mich hin, die estnische Nationalhymne, aber auch das bringt nichts. Wahrscheinlich liegts daran, dass ich wieder eine neue Sonnencreme teste: »Derma-Tod« heißt sie und gehörte im vergangenen Jahr bei allen einschlägigen Tests zu den zehn schlechtesten Sonnencremes. Sie ist seit dem vergangenen Jahr nicht verbessert worden, cremt man sich mit »Derma-Tod« ein, fallen große Hautlappen entzündet vom Körper. Grissemann wird hier in Tallinn sehr gut behandelt, weil er scheinbar große Ähnlichkeit hat mit dem estnischen Politiker Arno Rüütel, einem darmkranken Volkshelden. Grissemann kriegt von Passanten Elchwürste und Sandkekse zugesteckt. Und Milchsuppe mit Fisch, ein Nationalgericht. Ich will nach Hause.

Estland hat eineinhalb Millionen Einwohner und ich habe das Gefühl, jeder dieser eineinhalb Millionen Esten hat mir Milchsuppe mit Fisch geschenkt. Ich finde nicht, dass ich mit dem estnischen Präsidenten Rüütel Ähnlichkeit habe. Der Mann ist 78 und selbst wenn meine Darmkrankheit Spuren hinterlässt, solche Vergleiche verbitte ich mir. Und diese ständigen Milchsuppen machen mich auch nicht gerade gesünder. Mein Internist in Wien hat mir gesagt, das Beste für meinen Darm wäre eine strikte Diät, mindestens bis 2012. Ich hab ihm gesagt, dass ich doch dann verhungern würde, aber er sagte, das wisse er nicht, für Verhungern sei er nicht zuständig, er sei schließlich kein Ernährungsberater, sondern Internist.

Die Reise des Bruno A. Sauermann

Wie Sauermann wohl in Zeiten des Kalten Krieges nach Estland gekommen ist? Die berühmte estnische Milchsuppe hat er hier mit
Sahne angereichert, erzählt man uns. Dann habe er mit Tränen in
den Augen im Andenken an seine Mutter die Sahnesuppe geschlürft.
Ein berührender Moment.

Frankreich

Ich dachte immer, frankophil heißt, dass man Franco verehrt. Ich als Linker hab mich immer dagegen verwehrt. Tatsächlich aber heißt das ja, dass man Frankreich mag, und ich muss sagen, mir gehts hier ausgezeichnet. Frankreich ist *mein* Land, ich möchte fast sagen, das Land kommt mir stermannphil vor. Offensichtlich bin ich exakt der Typ von Mann, den Französinnen mögen. Trotz meiner gelblich grünen Hautfarbe, die von der Sonnencreme herrührt, die ich zurzeit teste.»Bonjour tristesse, le petit mort« heißt sie und ist das Produkt einer inzwischen verbotenen Firma, die hauptsächlich Giftgas fürs Militär herstellt und dessen Chef von Jean-Marie Le Pen als »rechter Spinner« bezeichnet wird. Aber trotz meines entstellten Äußeren: Von der Normandie bis an die Côte d'Azur – ein einziger Triumphzug.»Urlaub bei Freundinnen« möchte ich es nennen. Ich bin verliebt in die Liebe. Ich ende hier, es wartet jemand auf mich.

Seit wir in Frankreich sind, habe ich das Hotelzimmer nur verlassen, um in einem Blutlabor meine neuesten Befunde abzuholen. Stermann kümmert sich nicht um mich, obwohl ich inzwischen mehrmals täglich bewusstlos werde. Immer zieht er nur mit seinen »kleinen Französinnen« um die Häuser. Er hat sich den Intimbereich gepierct und spricht liebevoll von seinem »Liebesbaguette«. Dass die Französinnen auf ihn stehen, stimmt tatsächlich. Dass diese Französinnen aber alle weit über siebzig sind, sollte man vielleicht auch einmal erwähnen. Stermann ist in Frankreich der Oma-Mann. Das viele Essen hat meinen Darmstillstand verschärft. In meinem Unterleib hört man dauernd kleine Explosionen, aus meinen Ohren qualmt es leicht. Wie soll so rechte Reisestimmung aufkommen?

Die Reise des Bruno A. Sauermann

Georgien

Bevor wir nach Georgien kamen, wusste ich nichts über dieses Land, leider hat sich das auch nicht geändert bis jetzt. Als wir in Tiflis ankommen, ist am Flughafen der Strom ausgefallen, in völliger Dunkelheit tappen wir jetzt seit fast dreißig Stunden durch die Kellergewölbe des Flughafens. Wir haben uns in diesem Labyrinth aus stalinistischer Zeit völlig verlaufen und krabbeln auf allen vieren über Stewardessen, Ratten und brennende Zigaretten ... (Anm. d. V.: Das Manuskript ist hier unleserlich) sind. Als dann aber diese nackte Frau mir ... sind wir aber. Pikanterweise kam sie dann mit einer Freundin noch ... sind. Das war wirklich unglaublich.

Werners Augen leuchten. Wie alle Wölfe ist er es gewohnt, sich im Dunkeligen fortzubewegen. Ich halt mich an seinem Schwanz fest und lass mich von ihm durch diese unheimlichen Katakomben ziehen. Wie Georgien ist, kann ich leider nicht berichten. Mein Eindruck von Georgien ist finster, feucht und kühl, aber das ist jetzt vielleicht sehr subjektiv. Sollte aber Georgien wirklich so sein, dann kann ich von einer Reise hierher nur abraten. Stermann hat immerhin einige Einheimische kennengelernt, Stewardessen und Krankenschwestern, er mag ja Frauen in Uniformen und Frauen in Uniformen erkennt er auch, wenns total finster ist. Ich hoffe, die Krankenschwestern können ihm auch bei seinen Hautproblemen helfen. Diese Sonnenmilch, die er zurzeit nimmt, wirkt verheerend. Sie heißt »Stalingrad« und ist hochgradig gefährlich für die Haut. Natürlich hilft sie nicht gegen schädliche UV-Strahlen, sie besteht aus schädlichen UV-Strahlen. Stermanns Haut macht Geräusche wie eine Plastik-Quietscheente, vielleicht ist es aber auch die Krankenschwester. Ich weiß es nicht und will es auch gar nicht wissen. Ich will nur den Ausgang aus diesem Gebäude finden, um so schnell wie möglich dieses Land wieder zu verlassen. Von Sauermanns Aufenthalt in Georgien ist nichts überliefert, nur der Stempel in seinem Reisepass. Er betrat georgischen Boden um 12.43 Uhr laut Stempel und verließ ihn wieder um 13.07 Uhr. Hat es ihm nicht gefallen? Hat

man ihn des Landes verwiesen, als Kaffeeindustriellen und Kapita-
listen? Fragen, die heute nicht mehr zu beantworten sind, es sei
denn, man fragt den 100-jährigen Kaukasier, der Kefir trinkend Visa
verteilt. Er erinnert sich genau an Sauermann. »Kefir ist im Kaukasus
das Getränk der 100-Jährigen«, belehrt er mich. »Kaffee nicht. Mann
hat sich kurz umgeschaut, wir haben ihn kurz angeschaut, hat Kopf
geschüttelt, wir haben Kopf geschüttelt, Doswidanja.«

Ghana

Was für eine idiotische Reiseplanung. Gestern Griechenland, heute Ghana und morgen Grönland. Eine Art Interrail für Erwachsene. 47 Länder in 47 Tagen. All diese Eindrücke ... Für jemanden, der es sonst gewohnt ist, das ganze Jahr über beim Radio exakt nichts zu erleben und immer nur die gleichen öden Kollegengesichter zu sehen, ist es schon ein ziemlicher Overkill. Beim Radio ist ja Denglish die Umgangssprache, also schlechtes Englisch beziehungsweise schlechtes Deutsch, dazwischen noch ein paar Brocken Französisch. Aber hier in Ghana gibt es mehr als hundert Sprachen. Allein bei uns im Hotel. Der Kellner spricht Akan, der Koch aber Ewe, so dass man nie das gekocht bekommt, was man beim Kellner bestellt hat. Wenn man sich dann beim Oberkellner beschwert, spricht der nur Konkombo, der Rezeptionist spricht Ga und der Hoteldirektor Dagbani und ein bisschen Abron und zwei, drei Brocken Hausa. Ständig muss ich allen alles übersetzen, Gott sei Dank hab ich vor der Reise einen Schnellkurs in den siebzig häufigsten Sprachen Ghanas gemacht. Vor meinem Fenster sitzt ein Runzelhornvogel im Baum und blinzelt kokett rüber zu mir. Im Bad duscht ein Weißbart-Stummel-Affe und an meiner Minibar schnüffelt ein Warzenschwein. Afrika ist wunderbar.

Irgendwo zwischen Accra und Kumasi hat mich eine Tsetsefliege in den Bauch gestochen. Mein Darmstillstand hat sich verschlechtert. Wenn etwas Stehendes gestoppt wird, bleibt nicht mehr viel Bewegung übrig. Ich selber bin durch den Stich der Tsetsefliege interessanterweise wacher geworden, ich fühle mich frisch wie schon lange nicht mehr. Im Frühstücksraum saß ein englischer Jugendlicher und aß Streichhölzer, samt Schwefelkopf. Ich hab ihm entgeistert zugeschaut. Er hat gesagt: »Don't worry, I am British.« Großbritannien ist mir wesentlich fremder als Ghana. In einem der vielen kleinen Busse, den Trotros, habe ich Kwame kennengelernt und seine Brüder Kwame Manu, Kwame Mensa und Kwame Anane. Sie wurden alle so wie ich an einem Samstag geboren und samstags geborene

Männer heißen Kwame, »Kwame Manu« heißt einfach nur »Der Zweite«, »Mensa« »Der Dritte« und so weiter. Sie haben mich und meinen Wolf Werner zum Essen eingeladen. Es gab Reis mit Mais und Hirse mit Grieß und dann Reis mit Grieß und Hirse mit Mais. Zum Nachtisch so eine Art Maisgrieshirse. Plötzlich fiel mir eine Werbung ein, die ich in Wien im Postkasten gefunden hatte. Von einem chinesischen Restaurant. Da stand: »Zu allen Gerichten gibt es Reis, nur nicht zu den Reisgerichten.«

Leider biss mir beim Essen eine Tsetsefliege auch noch in die Zunge. Mit schlapp hängender Zunge kann man nur sehr schwer essen. Schade. Ich fahre jetzt ins Krankenhaus, wo Stermann in der Hautklinik liegt. Seine aktuelle Sonnencreme »Wackersdorf« hat wohl unangenehme Nebenwirkungen. Hier lag vor fünfzig Jahren auch Sauermann, nachdem er nachts mit dem Fahrrad gegen ein Nilpferd gefahren war. Eine 89-jährige Krankenschwester erinnerte sich noch an den nervösen Herrn aus Deutschland, der Kaffee trank, während sein Knie mit acht Stichen genäht wurde. »Ganz an schön an Dank, Bruno A. Sauermann«, hat er damals geschrieben, auf eine Mullbinde. Mich nennen hier jetzt alle Kwame Grissemann.

Die Reise des Bruno A. Sauermann

Griechenland

Meine Griechischkenntnisse beschränken sich auf Salat und Otto Rehhagel und so freue ich mich wie ein Kind auf das Griechenlandprogramm, das Grissemann zusammengestellt hat. Er will mit mir einen Griechischen Salat essen gehen und am Abend Otto Rehhagel besuchen. Den kennt er von einem Segeltörn letzten Sommer. Also, er kennt ihn nicht wirklich, er hat ihm nur kurz die Hand geschüttelt. Aber das geht niemanden was an. Das ist Privatsache. Nun, ich möchte am Nachmittag zur ... äh ... Akrospoli ... Agrarpoli ... Aggroberlin ... Akropolis. So heißts. Die Ausgrabungsstätten dort sind ja seit 1987 Weltkulturerbe der UNESCO. Dort ist es sicher tödlich langweilig und das ist Labsal für mein angespanntes Nervenkostüm.

Habe in unserem Appartement für den Sternemann und mich gekocht. Griechischer Salat. Hatte leider nicht die ganz richtigen Zutaten zur Hand und war zu faul einzukaufen. Statt Schafskäse hab ich Watte genommen und die Mantelknöpfe konnte man von schwarzen Oliven auch kaum unterscheiden. Hauptsache, dem Stermann hats geschmeckt. Es ist ihm sowieso ständig graue Sonnenmilch vom Gesicht in die Salatschüssel getropft. »Nivea Nikotin – Für dir fahle Raucherhaut/Schutzfaktor Nullkommanix«. Stermann will sich heute einen schönen Tag im Hotelzimmer machen. Vielleicht isst er um Mitternacht noch eine Ziege, mehr aber nicht. Ich selbst plane einen interessanten Ausflug zum 13 Meter hohen »Turm der Winde«. Dort werde ich den griechischen Windgott höchstpersönlich anflehen, mich von meinen teilweise an ein Rudel Presslufthämmer gemahnenden Flatulenzen zu befreien. O Gott, ich glaub, es geht schon wieder los ...

184   Debilenmilch

Grönland

Island heißt »Eisland« und Grönland heißt »Grünland«. Dabei ist es genau umgekehrt. Die saftigen Wiesen, von denen Grissemann gesprochen hat, sucht man auf Grönland vergebens. Außer Steinen, Einsamkeit und Kargheit gibt es für den Besucher sehr wenig. Es sei denn, man ist Inuitforscher oder Igluarchitekt. Die Menschen trinken hier sehr viel. Das erinnert mich an Wien. Wären die Grönländer nicht so oft betrunken, hätten sie bei Olympischen Spielen im Kajakfahren sicher schon Medaillen gemacht, aber Olov, ein freundlicher Inuit, sagte mir, dass die besten Kajakfahrer alle ein Alkoholproblem hätten. Während des Paddelns wird ständig der Flachmann gezückt, sogar während der berühmten Eskimorolle wird unter Wasser ein kräftiger Schluck genommen. Noch nie hat bis jetzt ein Eskimo an Olympischen Spielen teilgenommen, weil sie immer erst ihren Rausch ausschlafen müssen und dann sind die Spiele auch schon wieder vorbei. Grönland und das Leben hier muss man sich schöntrinken. Vielleicht bin ich zurzeit aber auch etwas überempfindlich. Meine aktuelle Sonnenmilch heißt »Sun Psycho 1« und soll gegen UV-Strahlen und Depressionen helfen. Tut sie aber nicht. Ich habe das Gefühl, meine Haut wird depressiv. Hoffentlich macht sie nicht Schluss.

Eigentlich ein schöner Brauch, sich zur Begrüßung mit der Nase zu berühren. Noch schöner wäre es, wenn die Gegenübernase nicht laufen würde während der Begrüßung. Mein Wolf Werner zieht meinen Schlitten übers ewige Eis. Die Bewegung tut meinem Darm gut, der ja ein Schüttelorgan ist. Dafür schlägt es mir auf der holprigen Fahrt die Wirbelsäule in die Beckenknochen. Ein schielender Schamane mit Federn und Eierschalen im Haar hat mir prophezeit, dass ich nie mehr aufrecht gehen werde. Außerdem hat er mir Walzähne zerrieben, die ich mit Lebertran und Seelöwenpenissen einnehmen soll gegen meine Verdauungsprobleme. Stermann sieht sehr schlecht aus. Er hat ein von Greenpeace-Aktivisten bunt angemaltes Robbenbaby eingesteckt. Er will es in Wien als Haustier halten.

Die Reise des Bruno A. Sauermann

Guatemala

Da ich bereits mehr als achtzigmal in Guatemala war, einen guatemaltekischen Pass habe und die Wikipedia-Seite über Guatemala gestaltet habe, ist mir etwas langweilig hier in Guatemala City. Guatemala: Ich kenn halt alles so gut hier in »el país de la eterna primavera«, dem Land des ewigen Frühlings. Ich kenne fast jeden der zwölf Millionen Einwohner, ich habe an meinem Auto in Wien das guatemaltekische Kennzeichen GCA, ich werde beim Radio in der guatemaltekischen Währung Quetzal bezahlt, das Geld schicke ich an meine Verwandten in Huehuetenango, einfache Indios, die nur mich haben. Ich selber bin einer der reichsten Guatemalteken, habe sehr viele Quetzals in Österreich verdient und wohne in Quetzaltenango, der Geldstadt des Landes. Meine Verwandten behandeln mich wie einen fetten weißen Inkagott, während sie Grissemann gern zu meinen Ehren opfern wollen. Ich habs natürlich verboten. Außerdem bin ich viel zu sehr mit mir beschäftigt. Ich benutze im Moment die Sonnencreme »Pest« und fürchte mich vor jedem Blick in den Spiegel. Schwarze Hautlappen mit vielen Bläschen hängen mir überall herunter. Davon ist mein Besuch in meiner Heimat leider etwas überschattet.

Stermanns Großtante will aus mir einen Schrumpfkopf machen und einer seiner Cousins möchte mich rituell im Atitlán-See ertränken oder in eine Schlucht werfen, er weiß es noch nicht. Vielleicht soll ich auch von einem Quetzal gerissen werden, dem Nationalvogel Guatemalas, der irgendwo zurückgezogen im Nebelwald lebt. Gastfreundschaft stell ich mir anders vor, auch wenn Stermann versucht, mir einzureden, dass seine Familie mir doch nur die Sitten und Gebräuche des Landes näherbringen will. Allerdings wohl auf Kosten meines Lebens. Da bleib ich lieber im Hotelzimmer und schau fern, mein Wolf Werner wacht an einer Kette vor der Tür, dass die guatemaltekischen Stermänner nicht reinkommen. Im Fernsehen läuft eine Doku über Guatemala, so seh ich doch noch was vom Land. Ich freu mich, wenn ich hier rauskomme. Ich will leben, ich bin eine zarte Pflanze. Die Flasche Bier, die Sauermann damals nur halb austrinken konnte, weil er weitermusste, steht noch immer auf dem Tisch in der Lobby. Ich glaube allerdings nicht, dass sie zu seinen Ehren dort steht, sie wurde einfach fünfzig Jahre nicht weggeräumt.

Haiti

Unser Hotel in Port-au-Prince dient Voodoo-Priestern als Opferstätte und wurde 1997, 1999, 2003 und 2006 zum »Unheimlichsten Hotel in unterentwickelten Ländern« gewählt. An den Wänden hängen Hühnerköpfe, Hühnerkrallen und noch lebende Hahnenkämme. Verwesungsgeruch liegt in der Luft, brennende Autoreifen werden Menschen um den Hals gelegt, die bei der letzten Wahl nicht den späteren Sieger gewählt haben. Hoffentlich kommt dieser Trend nicht nach Europa, sonst kann ich mir schon mal selbst einen Reifen anziehen. Die zweihundertprozentige Luftfeuchtigkeit lässt die 42 Grad Celsius im Schatten wärmer wirken. Kein Lüftchen geht. Meine Sonnencreme heißt »Feuerqualle«. Bewaffnete Horden überwachen jedes Wort, das ich schreibe. Karibisches Feeling kann sich so nur sehr schwer entwickeln.

Haiti steht an zwölfter Stelle der Liste der ärmsten Länder der Welt. Nur der jeweilige Diktator lebt oberhalb der Armutsgrenze. Das allerdings sehr. Die Diktatoren orientieren sich bei ihrem Verdienst an russischen Oligarchen. Menschen und Tiere haben Hunger. Selbst Palmen knurrt der Magen. Zu essen gibt es auf der eigentlich wunderschönen Insel nur das, was aus den Fenstern der Diktatorenpaläste fliegt. Interessanterweise werden die Diktatoren hier gewählt, in freien Wahlen, die allerdings nicht geheim sind. Na ja. Mein altes Motto: »Wahlen ändern nichts, sonst wären sie verboten.« Wenn ich jetzt wählen dürfte, käme ich nach Hause. Nach Österreich. Wo immerhin keine Essensreste aus den Parteizentralen fliegen.

Hawaii

Ich fühle mich sehr wohl in der Südsee. Sie erinnert mich an meine Heimat, das Ruhrgebiet, weil ich dort so eine Fototapete hatte: »Sonnenuntergang in der Südsee«. Genau dieses Motiv sehe ich gerade in echt und Tränen kullern mir die Wange herunter. Ich will wieder zurück in mein Jugendzimmer im Ruhrpott, auf dem Bett liegen und meine Eltern blöd finden und nicht hier im Hotelbett liegen und mich selber blöd finden. Wie konnte ich mich nur auf diesen idiotischen Deal mit der Stiftung Warentest einlassen? Manchmal trifft man Entscheidungen im Leben, die man ein Leben lang bereut. Bei meiner Sonnencreme-Testreihen-Entscheidung ist es so. Meine Haut wird niemals mehr in Ordnung sein. Sie wird nässen, schmerzen und teilweise abfallen. Die obersten zwanzig bis dreißig Hautschichten sind für immer im Arsch, leider auch die des Pos, der ja gern für Transplantationen benutzt wird – ich brauche auch für den Po selbst eine Haut. Auch die aktuelle Sonnencreme »Alcatraz« hat ihren Teil dazu beigetragen. Sogar meine Zähne haben einen Sonnenbrand, obwohl ich den Mund auf Hawaii noch gar nicht aufgemacht habe.

Ich glaube, Südseebewohner haben gar keinen Stoffwechsel. Die Nahrung wird nach dem Verzehr komplett im Körper gespeichert, und zwar für immer. Hier leben die dicksten Menschen, die ich jemals gesehen habe. Man kommt sich vor wie mitten in einer Sumo-Ringer-Doku. Zwischen den monströsen Insulanern tummeln sich blonde Surfer, die sich alle die gleichen Bretter, Hosen und Waschbrettbäuche ausgeliehen haben. Ich habe den Surfer Ben kennengelernt, der den ganzen Tag nur surft, auch nachts, meist schläft er auf seinem Brett weit draußen im offenen Meer. In seiner Wohnung hat er mir Surffotos gezeigt und Surfbretter und Bilder von Surfbrettern. Dabei hat er ständig Wasser gespuckt, wahrscheinlich weil er in seinem Leben so viel Wasser geschluckt hat. Interessanterweise hatte Ben eine Fototapete in seinem Wohnzimmer an der Wand mit dem Ruhrgebiet bei Nacht als Motiv. Angeblich haben das sehr viele Menschen in Hawaii. Wenn das Stermann wüsste.

Die Reise des Bruno A. Sauermann

Ibiza

Das Hotel hier auf Ibiza mag seine Stärken haben. Charme und Romantik gehören nicht dazu. Sind in Block 3.000 untergebracht. Zimmernummern 3.255 und 3.256. Habe mich mit schwarzer Sonnenmilch für Depressionskranke eingeschmiert und werde gleich zum Pool humpeln. Dort erwarten mich Hundertschaften durchgedrehter Partyurlauber. Alle unter 18 und auf Drogen. Gott sei Dank hab ich mir vor der Abreise in Wien bei Eduscho einen mintfarbenen Stringtanga gekauft. Den muss man tragen, wenn man dazugehören will. Einem flirrenden Flirt steht also nichts mehr im Wege. In wenigen Stunden schon werde ich in den Armen eines schwedischen Discobiests am Strand den letzten Joint durchziehen. Vorher muss ich aber noch meine Psoriasis einschmieren und die Viagra-Packung finden, die mir meine umsichtige Mutter vor der Abreise in die Herrenhandtasche gesteckt hat.

Der seltsame Takt auf Ibiza geht mir in den Darm. Abendessen tut der Ibizenker gegen Mitternacht, um 2 Uhr früh heißts Abmarsch, und um halb fünf, wenn anständige Menschen frühstücken, machen erst die Discos auf. Wie soll man das ohne Fendrichpulver durchstehen. Meine Reisebekanntschaft Stermann will mich heute in die größte Disco der Welt einladen. Schaumdisco »Presidente«. Abschaumdisco, würde ich sagen. Hab keine Lust. Bin mit 32 viel zu alt und als Einziger mit Hochschulabschluss viel zu gebildet für den primitiven Schaumtechno. Schön wars am Meer heute Morgen.

Indonesien

Da ich den Sultan von Celebes kenne, leben wir endlich unserer eigenen Position angemessen. In einem feuchten Holzhaus, zusammen mit unheimlichen großen Kröten, die ihre Farbe ändern und mit ihren langen Zungen nach uns schnappen. Denn leider ist der Sultan verarmt, weil die Holländer während der Kolonialzeit die Demokratie eingeführt und das Sultanat abgeschafft haben. Deshalb hat mein Freund Alif Amiruddin Samseddin leider nur noch ein Foto seines Großvaters, ansonsten jobbt er gelegentlich in einem Supermarkt als Best-Price-Moderator. Er ist also eine Art Kollege von uns, durch die viele Werbung im Radio komme ich mir sehr ähnlich vor. Die Luftfeuchtigkeit ist hier so hoch, dass ein überfahrener Hund vor unseren Augen innerhalb von zwei, drei Minuten verwest ist. Als mein darmkranker Kollege das sah, beschloss er kreidebleich, das Zimmer nicht mehr zu verlassen, wo Alif immerhin aus einer alten Kühltasche und einem verrosteten Windrad eine Art Klimaanlage gebaut hat. Ich hab ihm eine Postkarte mit indonesischen Motiven besorgt, damit er auch etwas vom Land mitbekommt. In Celebes gibt es übrigens die »Bruno Sauermann Straat«, sie ist mehrere Meter lang und verbindet die Tabakfabrik »Javaanse Jongens« mit einem Holzgerüst, auf dem früher der holländische Gouverneur stand und den Einwohnern am Geburtstag der Königin zuwinkte. Alif sagt, dass nie jemand hinsah und es dem Gouverneur dann irgendwann zu blöd wurde.

Stermanns aktuelle Sonnencreme heißt »Darwins Nightmare« und auf der Straße sieht man immer wieder Indonesier und Indonesierinnen laut schreiend das Weite suchen, wenn sie ihn sehen. Seine Haut sieht aus wie ein well-done Rumpsteak. Ledrig und fettig und was aus ihr austritt, könnte als eine Barbecue-Sauce durchgehen. Kein schöner Anblick. Ich sitze auf dem Boden auf feuchtem Holz, mehrere Echsen beißen mich in Hals und Beine. Ich versuche meinem Wolf Schach beizubringen, ein Spiel, das Stermann leider bis heute nicht versteht. Mein Wolf Werner hat eindeutig mehr Talent.

Die Reise des Bruno A. Sauermann

Eben hab ich ihm *Rotkäppchen und der Wolf* vorgelesen. Da haben wir viel gelacht. Ich mache halt das Beste aus dieser schrecklichen Reise. Wenn ich auf die Straße blicke, sehe ich eine große Werbetafel für künstliche Hüftgelenke aus Holz. Indonesien ist mir unheimlich.

Italien

Indonesien, Italien, Japan, Kanada. Was für ein logistischer Albtraum. Wenn ich von Wien nach Prag muss, fahr ich ja auch nicht über Berlin und Helsinki. Mumpitz! Aber ich zieh das durch. Was Sauermann konnte, schaff ich fünfzig Jahre später auch. Manchmal allerdings habe ich meine Zweifel. Durch die riesigen Entfernungen und die Zeitumstellungen frage ich mich, ob er es damals überhaupt schaffen konnte, innerhalb von fünf Tagen von der Karibik nach Asien, dann nach Europa, dann wieder Asien, dann wieder Europa. Waren die Flugzeuge in den fünfziger Jahren überhaupt so schnell? Kann es nicht sein, dass Flugzeuge damals nur sechzig Kilometer pro Stunde flogen? Und gab es überall Flugplätze? Ich bin sehr erschöpft. Grissemann scheint debil geworden zu sein. Er hat mehrere Stunden lang italienisches Fernsehen geschaut und verhält sich seitdem wie ein 7-Jähriger. In unserem alternativen Reiseführer, der von Arte- und 3Sat-Redakteuren verfasst worden ist, hatte man vor italienischem Fernsehen gewarnt und Fernseher generell zu »no-watch areas« erklärt, weil es infantil und machoid zugleich sei. Meine Sonnencreme heißt »Seveso Forte«. Bis jetzt lässt sie sich gut an. Angeblich aber wirkt sie erst nach einigen Stunden, ich bin schon ...

Ich fürchte, ich kann nicht mehr länger mit Stermann zusammenarbeiten. Ich glaub, er schaffts nicht. Die Rettungsärzte haben ihn in einen schwarzen Sack gesteckt und den Sack mit einem Reißverschluss zugemacht. Die Sonnencreme wurde von einem Gerichtsmediziner in einem Katastrophenoverall mit Sauerstoffgerät vorsichtig vom Boden aufgehoben und abtransportiert. Angeblich gab es schon erste Festnahmen und erste Freilassungen, weil die Pharmafirma dem italienischen Gesundheitsminister gehört, der natürlich Immunität genießt. Ich selber bummle durch Rom, Ewige Stadt. Hier ging damals Sauermann schnellen Schrittes. Er war ja ein äußerst unruhiger Geist und außerordentlich tatkräftig. Er hätte Rom in drei Tagen erbaut, wäre er damals schon auf der Welt gewesen und die Debilenmilch der Wölfin hätte er anders als Romulus und

Die Reise des Bruno A. Sauermann   193

Remus selbstverständlich abgelehnt und nach schwarzem Kaffee verlangt, den er im Stehen hinuntergeschüttet hätte. Guter, alter Sauermann. Ich habe mir bunte Plastikbälle gekauft, ein knallrotes Glitzerhemd mit Pinocchio-Motiv, eine grüne Filzmütze und einen zwei Meter großen Plastikfrosch, der »buon giorno« sagt und seine Zunge rausschnellen lässt. Italien ist mein Land. Ich fühle mich um dreißig Jahre jünger. Ich gehe jetzt zum Papst und bewerbe mich als Messdiener.

Japan

Der Flug war sehr unruhig. Wir sind durch mehrere Hurricanes geflogen, mitten durch die glasigen Augen gewaltiger Taifune. Tropischste, wirbelndste Stürme. Zwei Drittel des Flugzeugs sind abgebrochen. Einige Getränkewagen sind über Bord gegangen, trotzdem ist niemandem etwas passiert. Im Flughafengebäude vom Narita International Airport Tokio wurde Grissemann von einem winzigen Chow-Chow ins Bein gebissen. Wolf Werner hat sein darmkrankes Herrchen natürlich verteidigt und den kleinen Kläffer unzerkaut verschluckt. Wir haben jetzt großen Ärger mit seinem Besitzer, einem gewaltbereiten Judoka, dem wir nicht einreden können, dass sein dämlicher Köter doch wiedergeboren wird. Vielleicht als Italiener oder als Sumo-Ringer. Die Situation beruhigte sich erst, als ich meine Sonnencreme zückte. Sie heißt »Enola Gay«, wie das Flugzeug, das die Bombe auf Hiroshima warf. Wer sich mit »Enola Gay« einschmiert, fühlt sich ein bisschen so, wie die Stadt sich damals gefühlt haben muss. Kleine Rauchpilze steigen auf. Ich bin am Ende meiner Kräfte.

Ein kleines Bier kostet in Tokio fast vierhundert Euro, deshalb waren die meisten Japaner auch noch nie betrunken. Sie trinken nicht deshalb so wenig, weil ihnen ein Enzym fehlt, sondern weil ihnen Geld fehlt. Ich humpelte nach der Hundeattacke mit Stermann und Werner an der Leine, also beiden an der Leine, an dem sonnencremepanischen Judoka vorbei zum Narita Express in die Stadt in den nächstbesten Sushiladen in Shinjuku, wo ich für uns alle Kugelfisch-sushi bestellte, so wie Sauermann es damals gemacht hat. Es gab ein Kugelfisch-Sushi-Set für umgerechnet fast 25.000 Euro und eins für um drei Euro. Natürlich bestellte ich für uns drei eins für drei Euro. Dass Stermann und Werner sich jetzt mit Schaum vorm Maul und Krämpfen durchs Lokal wälzen, ist wohl der Beweis dafür, dass Kugelfische, zumindest billige, tatsächlich giftig sind. Ich selber habe das Gefühl, das Kugelfischgift tut meinem Darm ganz gut. Zum ersten Mal seit Wochen rumort er wieder. Wird doch noch alles gut?

Die Reise des Bruno A. Sauermann

Kanada

Ich halte das Gebimmele nicht mehr aus. Überall diese kleinen Glöckchen. Am Rucksack, den Schuhen, der Halskette, dem Armband, an meinem Zöpfchen und dem Fußkettchen, selbst an meinem Nabel- und meinem Zungenpiercing, überall hängen kleine Glöckchen, um die Bären fernzuhalten, die hier auf Vancouver Island hinter jedem Busch lauern, um Menschen aufzufressen. Den Klang der Glöckchen halten sie nicht aus und laufen weg. Ich selbst halte das Gebimmele aber auch nicht aus, kann aber nicht weglaufen, weil ich sicherheitshalber auch ein paar Glöckchen verschluckt habe. Ich bimmle jetzt mit dem Magen oder dem Darm. Ich weiß es nicht. Es ist unheimlich, genau wie meine Sonnencreme. Sie heißt »Dead man walking«. Eine Frage stellt sich mir fast jeden Tag: Was hat Sauermann wohl bewogen, diese Strapazen auf sich zu nehmen? Und eine zweite Frage kommt unweigerlich dazu: Was hat uns bewogen, Sauermanns Reisestrapazen zu wiederholen? Im Gästebuch der »Westwood Lodge« habe ich seine Eintragung gefunden. »Se ham e Dusch o! Sauermann, Vienna«.

Ich trage die Haare im Moment lang und offen und werde von Kanadiern oft mit Avril Lavigne verwechselt, während Stermann bereits mehrfach mit Leonard Cohen verwechselt worden ist, der graue alte Wolf. Mein bulgarischer Wolf Werner und ich ziehen viel durch die Wälder, klettern auf achtzig Meter hohe Bäume und beobachten rauchend Buckel- und Schwertwale im Pazifik vor Vancouver Island. Nur hier oben darf man rauchen. Ganz Kanada ist eine Nichtraucherzone. Sie hängen nicht einmal mehr Verbotsschilder auf, so selbstverständlich ist das Verbot. Unter uns der tropische Regenwald, im Mund eine Selbstgedrehte, mein »Sachsenkraut«, Werner, der mich krault, ein voller Magen, das Leben kann herrlich sein. Eben noch standen wir im English Man River breitbeinig neben zwei Bären und haben so wie sie einfach den Mund geöffnet und so mindestens dreißig oder vierzig Lachse gefangen.

196   *Debilenmilch*

Kapverdische Inseln

Grissemann ist mit einer Darmkolik am Gemüsemarkt in Praia, der Hauptstadt der Kapverdischen Inseln, zusammengebrochen und in die Tomaten gefallen. Obwohl sein roter Kopf ganz gut zu den Tomaten gepasst hätte, wurde er von drei Marktfrauen aus der Tomatenkiste gezogen und mir ein Zettel mit der Krankenhausadresse in die Pfoten gedrückt. Mit dem reglosen Grissemann auf dem Rücken dort angekommen, staunte ich nicht schlecht. Das Gebäude war halb Krankenhaus, halb Tankstelle. Nicht unschlau, dachte ich, Mechaniker und Chirurg, das sind durchaus verwandte Berufe. Habe Grissemann Zackzack in die ölverschmierten Hände des Chefarztes übergeben und – ja! Er soll ihm einfach drei Meter Darm aus dem Leib schneiden, verkehrt kann das nicht sein. Ich hole ihn dann am frühen Abend wieder ab. So hatte ich einen grissemannfreien Nachmittag, den ich mit Windsurfen verbringen wollte.

Die Menschen sind sehr freundlich und lustig hier. Mich zum Beispiel hat ein grinsender Tankstellenknecht am empfindsamen Darm operiert. Vier Meter hat er mir mit einer Brennzange rausgeschnitten und mir wie eine hawaiianische Blumenkette bei der Entlassung um den Hals gehängt. Hab mich dann kraftlos zum Strand geschleppt, um Stermann zu suchen. Nun muss man wissen, dass der Wind auf den Kapverden bis zu vierhundert Kilometer pro Stunde erreichen kann. Im strengen Gegenwind hab ich für die vierzig Meter zum Strand über drei Stunden gebraucht. Dort saß neben einem gebrochenen Surfbrett ein weinender Deutscher und cremte sich mit »Ambre solare aquavit« ein. Die erste alkoholische Sonnencreme für Quartalssäufer. Schutzfaktor vierzig Prozent. Der Abflug ist erst in zehn Stunden. Wir weinen jetzt beide am Strand. Ach, Kapverden, Kapverden, das kann was werden.

Die Reise des Bruno A. Sauermann

Kolumbien

Kolumbien nervt. Die ganze Zeit bellen hier sämtliche Hunde wie bekloppt. Wahrscheinlich sind es alles Drogenhunde. Die auflagenstärkste Zeitung in Medellín heißt»Drogen-Kurier«. Dabei hat Kolumbien so viel mehr zu bieten als Drogen, aber was? Ich weiß es nicht. Aus Versehen bin ich seit unserer Ankunft im Rausch. Unser Taxifahrer bot uns erst einen Überfall an, und zwar auf uns, danach eine Coca-Cola, nur ohne Cola, sagte er augenzwinkernd und aus Höflichkeit haben wir genickt. Grissemann liebt Kolumbien.»Diese Farben!« Ich selber fühle mich elend. Sauermanns alte Kaffeeplantage ist abgebrannt, ich habe einen alten Stuhl gesehen, auf dem er angeblich oft saß. Allerdings ist der Stuhl eher aus den späten Achtzigern und sieht aus wie eine klassische IKEA-Stehhilfe. Er wurde zum Kauf angeboten. Als ich ablehnte, hatte ich diese Wahl nicht mehr. Jetzt musste ich ihn kaufen. Ich hasse diesen Stuhl, Drogen und meine Sonnenmilch. Sie heißt»Allergie« und macht ihrem Namen alle Ehre. Meine Haut sieht aus wie ein großer, grauer Lappen.

Wenn Kolumbien nach Christoph Kolumbus benannt ist, müsste es doch eigentlich Kolumbusien heißen. Ich bin mit Werner den ganzen Tag durchs Land gelaufen. Von Medellín nach Bogotá und retour. Viele hundert Kilometer. Ich wollte meinen Darm rütteln und schütteln, aber es war umsonst. Darmstillständiger als jetzt war er noch nie. Heute bin ich zum ersten Mal auf unserer Reise fast schwimmen gegangen, aber dann doch nicht. Am Strand wurde wild herumgeballert von bekifften Adeligen, sogenannten »Drogenbaronen«. Gefährliche Gegend. An Land gibts»Drive by Shootings« und unter Wasser angeblich»Dive by Shootings«. Eine Unsitte, die in den dreißiger Jahren ausgewanderte bayrische Revolutionäre, die Berchtesgadener Hopfenschützen, nach Kolumbien gebracht haben. Ich bin friedlich. Ich komme aus Österreich und bin neutral. Physische Gewalt ist für andere. Ich komm eher von der Psyche. Ich könnte Menschen mit Worten töten, aber wie soll ich das hier machen? Diese Typen sprechen kein Deutsch!

Kuwait

Gott sei Dank bleiben wir hier nur einen Tag. Gerade in Kuwait wäre es schön, wenn jemand anders unsere Reise bezahlen würde, denn hier kostet schon ein Wasser aus der Minibar so viel wie in Wien eine Suite. Die Öltypen hier haben Geld wie Sand und umgekehrt. In der Wüste gibt es eine Skihalle mit einer Weltcupabfahrtsstrecke, es gibt, überdacht, den naturgetreuen Nachbau des Schwarzwaldes und Nachbauten der sechs größten Seen der Welt. Trotzdem erdrückt mich die Langeweile. Der Anblick von Reichtum ist auf Dauer zu wenig, einzig die Aussicht auf die Abreise stimmt mich froh. Schade, dass Saddam Hussein gestürzt worden ist, sonst hätte er Kuwait heute überfallen können, damit irgendwas los ist. Als Sauermann hier war, gabs ja nicht mal nichts. Nur Sand wie Sand am Meer.

Die Wüste lebt, aber wie? Für einen kultivierten Mitteleuropäer wie mich ist hier sehr wenig Lebensqualität vorhanden. Hin und wieder ein Sandsturm und den ganzen Tag Frauen nicht ansprechen dürfen, das alles ist für einen Mann, der im Geiste und der Tradition der französischen Aufklärung lebt, nicht genug. Aber diskutiere mal mit so einem Wüstenfuchs, dem das Geld aus Ohren, Nase und Anus rausquillt, über Marx, Schopenhauer und Pestalozzi oder über die Notwendigkeit erneuerbarer Energien, der Loslösung vom Öl. Da hast du schnell einen Gold- oder Diamantenring im Gesicht. Ich hab mich aber gewehrt und diesem unsympathischen Typen mit Bettlaken auf dem Kopf Stermanns Sonnencreme ins Gesicht geschmiert. »Desert Storm« heißt die. Ich hab noch nie einen so reichen Mann so jämmerlich wimmern hören.

Die Reise des Bruno A. Sauermann

Lettland

Gestern noch Bolivien, heute Lettland. Durch das irre Herumge-
fliege zwischen den Zeitzonen werden wir, glaube ich, immer jünger.
Auch wenn es für den Körper unheimlichen Stress bedeutet, täglich
das Land zu wechseln. Ich schreibe diese Zeilen auf der Hotel-
terrasse in Riga. Endlich mal vier Sterne. Kakerlakenfreie Zahnputz-
becher und kein grüner Schimmel auf der Bettdecke. Grissemann
hat neben mir sogar eine Juniorsuite bezogen, weil er ja Grissemann junior ist, wie er meinte. *Der darmkranke Irre in der Juniorsuite*, gar kein schlechter Romantitel. Oder noch besser vielleicht:
Der darmkranke Junior in der Irrensuite? Das Reisen beflügelt meine
Fantasie. Leider habe ich meine Reiselektüre ausgelesen und muss
jetzt auf Brandfluchtpläne, Speisekarten und die Innenflächen meiner Hände zurückgreifen. Banause Grissemann hat ja nur zwei Bücher auf die Weltreise mitgenommen. Eine Anna-Netrebko-Bio und
einen Ultraschallbildband über die hundert kaputtesten Därme
Europas. Er will sich heute in der Innenstadt von Riga ein Reiseultra-
schallgerät besorgen, um den Zustand seines eigenen Darms mit
denen im Buch zu vergleichen. Soll er. Ich schmier mich inzwischen
mit einer Sonnencreme ein, die aus dem Extrakt von Krähenfüßen
gemacht wurde und die Haut frühzeitig altern lässt. Der Produzent
selbst hat mir brieflich gedankt. Ich sei der Erste, »der den Scheiß
gekauft hat«.

Wenn jetzt Anna Netrebko hier wäre. Sie könnte mir mit ihrer En-
gelsstimme die Bildunterschriften aus dem Darmkatastrophenbuch
vorlesen. Im Anschluss würde ich dann, als Luciano Pavarotti verkleidet, das sicher einwandfreie Därmchen der Netrebko ultraschal-
len. Ein gewitzter Vortrag über die Nutzlosigkeit des Blinddarms
würde sie wohl endgültig für mich einnehmen und wir würden die
Juniorsuite in Riga als Mann und Frau verlassen. Na ja, leider nichts
als erotische Tagträumereien. Liebeshalluzinationen eines einsamen Weltreisenden. Fantasien in der Juniorsuite. Wahrscheinlich
würde die dumme Netrebko eher noch den Stermann wählen als

mich. Der hat von hinten ja was Pavarottieskes. Und das Opernbiest fährt sicher nur auf Dicke ab! Die größten Gefühle gibts in der Oper und in meinem Darm.

Liechtenstein

Grissemanns Wolf ist in den letzten Wochen völlig degeniert. Mein Kollege hat ihm ein gelbes T-Shirt gekauft mit der Aufschrift »Somebody who loves me went to Liechtenstein and all I got was this lousy T-Shirt«. Werner sieht damit aus wie ein nervenkranker Schoßhund. Er ist ein Wolf! So etwas tun Wölfe nicht! Er hat sich gerade eben auf dem weg zum Schloss des Fürsten jaulend hinter seinem Herrchen Grissemann versteckt, als ihn der asthmatische Dackel einer Liechtensteiner Rentnerin angekläfft hat. Grissemann wiederum hat sich wimmernd hinter mir versteckt, als ihn die Rentnerin angekläfft hat. Vor mir hatte sie Respekt, vielleicht aber auch nur Angst oder Ekel. Tatsächlich schaue ich völlig entstellt aus, seit ich die furchtbare Sonnencreme einer Basler Pharmafirma benutze. Sie heißt »Sun Explosion« und führt genau zu solchen. Sauermann war damals bei seinem Liechtensteinausflug sehr beeindruckt, wie klitzeklein der Rhein hier ist. Ein Rinnsal. Anders als in Köln. Der Bürgermeister von Vaduz zeigte uns einen hellen Kieselstein, den angeblich damals Sauermann vom Flussbett aus in den Rhein geworfen hat. Es war sehr interessant.

Ich liebe Liechtenstein. Hier zahlt man keine Steuern. Wenn man trotzdem eine Steuererklärung macht, bekommt man sogar etwas. Stermann ist ja gebürtiger Liechtensteiner, aber vor vielen Jahren aus steuerlichen Gründen nach Österreich gezogen, weil er Steuern zahlen will. Er will die Sozietät stärken, betont er immer vollmundig. Aber wenn ich ihn bitte, in die Apotheke zu gehen, um mir »Darmotan« oder »Darmin« zu kaufen, lässt er Sozietät Sozietät sein und schaut lieber Pay-TV in seinem Hotelzimmer. Ein feiner Herr, der Herr Stermann. Ich bin wütend und mein Darm schnarcht still. Mein Wolf steht mit Tränen in den Augen vor mir. Werner ist ein lieber Kamerad.

Luxemburg

Sind seit heute Früh in Luxemburg. Offensichtlich ist unser Kommen angekündigt worden, denn die konservative Tageszeitung *Luxemburger Wort* widmet Grissemann und mir auf Seite 3 einen kleinen Artikel, in dem sich Außenminister Jean Asselborn erfreut zeigt und zitiert wird mit den Worten »Was für eine große Ehre für unser kleines Land«. Das hat uns natürlich gefreut, und tatsächlich holte uns das Staatsoberhaupt, Großherzog Henri von Nassau, persönlich vom Flughafen ab. In der gepanzerten Luxuslimousine wand sich Grissemann vor Darmkrämpfen, während ich mit der Dolmetscherin sektschlürfend flirtete. Wir sind heute Nacht ins »Hilton« eingeladen. Herrlich. Endlich Pay-TV und Zimmerservice. Großherzog Henri, mit dem ich im »Hilton«-Restaurant zwölf Austern und einen Kübel Kaviar geteilt habe, ist ein sensationeller Bursche. Gastfreundlich und großzügig. Ich weiß gar nicht, wer verliebter in mich ist, Henri oder Fabienne, die sensationelle Dolmetscherin. Nun, ich werde wohl beide mit aufs Hotel nehmen. Aber vorher werden wir noch ein Champagnerfläschchen köpfen! Wo ist Grissemann eigentlich?

Diese seltsame Sonderbehandlung macht mich stutzig. Stermann lässt sich auf alles einladen, ohne nachzudenken. Ich liege allein im Hotelzimmer und denke nach. Aus Stermanns Suite dringt Gelächter und Geknutsche. Mein hochnervöser Reizdarm reagiert auf dieses seltsame Spektakel im Nebenzimmer wie gewohnt lautstark und rebellisch. Mit einem homöopathischen Darmpräparat aus London versuch ich ihn zu beruhigen. Weiß gar nicht, was ich bis zum heiß ersehnten Abflug tun soll. Ein Spaziergang scheint unmöglich, schließlich hat man diesen lächerlichen Zwergenstaat bei schnellem Schritt in drei Minuten durchquert, ein früher Derrick im Fernsehen begeistert mich auch nicht, so werde ich mich also selbst in Trance versetzen und mein Darm-Yoga praktizieren, bis der Luxemburger Spuk ein Ende hat. Was die Zeitungen hier morgen über unseren Aufenthalt schreiben, kriegen wir Gott sei Dank nicht mehr mit.

Die Reise des Bruno A. Sauermann

Malediven

Wir sind auf den Malediven. Ganz gut hier, die Männer sind ständig am Meer fischen, so dass man ausschließlich Frauen trifft, die Grissemann wiederum mit seinem seltsamen Darmgeräusch von mir vertreibt. Grissemanns Darm klingt so, als würde der Sears Tower einstürzen. Auf den Malediven ist man übrigens rechtskräftig geschieden, wenn der Mann dreimal »Ich verstoße dich« zur Frau sagt. Ich wünschte, die Floskel würde auch bei Grissemann funktionieren, aber er und sein bulgarischer Wolf Werner lassen sich nicht abschütteln. Wir absolvieren hier ein Höllenprogramm. Die Malediven bestehen ja aus 202 Inseln. Wir wollen innerhalb der zur Verfügung stehenden 24 Stunden jede einzelne besuchen. Pro Stunde also fünf. Und schlafen kann ich, wenn ich tot bin, bis dahin ist es aber vielleicht nicht mehr weit, schließlich teste ich heute »flüssiges Heroin für den Beachjunkie 2006«, wie es in der Beschreibung heißt. So, muss jetzt aufhören, Insel 43 wartet.

Stermann hat sicher das hochnotpeinliche Geschehen am Flughafen Malé vergessen zu erwähnen. Folgendes ist passiert: Als ein Zollbeamter Stermanns Koffer öffnete, fand er Waffen, Sprengstoff, Alkohol, pornographische Zeitschriften, Drogen – angeblich ein Sonnenschutzmittel –, religiöse Bildnisse zur Anbetung und vier Kilogramm Schweinefleisch. Ausnahmslos alles Dinge, die auf der Einfuhrverbotsliste der Malediven stehen. Es hat ein halbes Jahresbudget des Radiosenders gekostet, Stermann auf Kaution freizukriegen. Und was hat der Esel jetzt vor? Nach unserem rasanten Inselhopping wird Stermann wieder Koffer packen. Und was kommt da diesmal rein? Muscheln, schwarze Korallen und 26 Schildkrötenpanzer. Alles Dinge, die auf der Ausfuhrverbotsliste der Malediven stehen ... Dumm, dümmer, Stermann.

Norwegen

Erneute Flugzeugdemütigungen trüben meine Reisefreuden. Beim Check-in nach Oslo blickte eine zaundürre Asiatin auf meinen bärenstarken Körper und hat mir unverschämterweise zwei Plätze zugewiesen. Als würde ich in einen nicht reinpassen! Nach kurzem Gemurmel von strengem Bodenpersonal wurde entschieden, ich solle wegen des sensiblen Gleichgewichts in Reihe 1 sitzen, die anderen 89 Passagiere, inklusive des sich totlachenden Grissemanns, ganz hinten im Flugzeug. Der Verzehr von selbst mitgebrachten vierzig Spareribs, 10.000 Meter über dem Boden, ließ mich meine Gewichtssorgen kurz vergessen. Norwegen also! Land der Fjorde, magische Welt der Lofoten, herrlich! Nach einem kurzen Abstecher ins »Hotel Panik«, das hieß wirklich so, freute ich mich, mit meiner missmutigen Reisebekanntschaft Grissemann einen Ausflug zu den großartigen Tinnje-Wasserfällen zu machen. Ich konnte ja nicht ahnen, dass ausgerechnet zwei Enten mir einen Strich durch die Rechnung machen würden ...

Es ist nicht zu glauben. Stermann – eingecremt mit »Piz-Buin-Pitbull-Sonnenmilch für Bluthunde« – wollte vor dem Besuch des fucking Wasserfalls noch schnell, wie er sich ausdrückte, »zwei, drei Enten im Stehen essen«. In einem desolaten chinesischen Restaurant am Fuße der Wasserfälle wurde ihm dieser bizarre Wunsch erfüllt. Mit verheerenden Folgen: Er schlang tatsächlich zwei ganze Enten runter und hat aus Versehen die Schnäbel mitgegessen. Diese wiederum blieben in seiner Luftröhre stecken. Nie habe ich einen Menschen stärker husten gesehen. Sogar der Wasserfall blieb kurz stehen vor Angst. Stermann drohte in kurzen Hosen in Norwegen zu ersticken und nur mir ist es zu verdanken, dass er heute noch lebt. Mein Heimlich-Griff, eine lebensrettende Maßnahme, mit der man durch heftiges Drücken auf den Bauch das unliebsam Verschluckte wieder zutage fördert, hat den Deutschen gerettet. Meterweit spuckte er die Entenschnäbel kotzend in den Wasserfall. Stolz auf mein Lebensretterdasein, sprang ich dann vor den erstaunten Augen Hunderter Touristen eine dreifache Schraube in den kühlen Wasserfall. Das tat auch meinem Darm gut, der ist schließlich ein Rüttelorgan und muss ständig in Bewegung gehalten werden!

Peleponnes

Grissemann fühlt sich nicht wohl und ist gereizt. Weil er körperlich
sehr geschwächt ist, leckt nicht er die Briefmarke für die Karten und
Briefe, sondern sein Wolf Werner. Gestern am Strand ist Grissemann
von einer Mücke gestochen worden, er ist seitdem beleidigt, spricht
nicht mehr mit mir und hetzt Werner auf mich. Auch gestern Nacht
im Hotelzimmer. An ruhigen Schlaf ist einfach nicht zu denken,
wenn man die ganze Nacht über von einem Wolf gehetzt wird. Wir
sind am Peloponnes, am mittleren der drei Finger, die in die Ägäis
zeigen. Griechenlands Fuckfinger. Unser Hotel ist wie die meisten
Gebäude hier ein Rohbau auf einem kahlen, schattenlosen Boden.
Zwischen Kalamata und Stoupa, aber zwanzig Kilometer vom Meer
entfernt. Riesige Hornissen terrorisieren uns und Heuschrecken,
groß wie Dackel, schießen durchs Zimmer. Ich wurde von einer wilden Schildkröte gebissen. Sie hat mich gejagt und eingeholt. Ich
glaube, ich bin körperlich in einem sehr schlechten Zustand, wahrscheinlich wegen meiner Sonnenmilch. »Fegefeuer« heißt sie und
hält, was sie verspricht. Ich habe eine sehr alte, ausgedörrte Ziege
gesehen, die auf drei Beinen mit heraushängender grauer Zunge am
Straßenrand stand. Sie erinnerte mich an eine Ziege, die ich in Sauermanns Nachlass gesehen habe, auf einem vergilbten Foto. Kann das
sein? Werden Ziegen über fünfzig?

In dem schmucklosen Bergdörfchen leben nur zwölf Menschen.
Fünf taube Rentner und sieben Austropopper mit leerem Blick, die
hier in den achtziger Jahren ihren Traum vom Süden gesucht und offensichtlich nicht gefunden haben. Auch deren Häuser sind noch
immer Rohbauten, hässliche Betonburgen mit rostigen, herausra-
genden Stahlträgern, an denen man sich verletzen kann. Es gibt hier
oben kein Wasser, und der Strom wird von einem Windrad erzeugt.
Leider herrscht hier totale Windstille. Es ist so heiß, dass sich die
trockenen Büsche mehrmals täglich von selbst entzünden, ohne Wasser können wir sie nur löschen, indem wir uns mit dem Körper auf
sie werfen. Eine sehr schmerzhafte Weise der Brandbekämpfung. In

Die Reise des Bruno A. Sauermann

dem einzigen Restaurant gibt es nur ein einziges Gericht. Olivenöl in Olivenöl. Man kann wählen, ob man es lieber warm oder kalt essen will. Ich ernähre mich von den Resten der Salamander, die Werner übrig lässt. Diese Reise ist eine nicht enden wollende Qual. Ich möchte bitte wieder nach Hause kommen.

Polen

Ein einzigartiges Naturschauspiel hat uns hier in Stettin an der Ostsee den schlechten Atem geraubt. Das Meer ist leer. Wirklich wahr, die unglaubliche Hitze in den letzten Wochen hat die Ostsee komplett ausgetrocknet. Dumme Surfer stehen im Trockenen am sogenannten »Meeresgrund«. Grissemann wirft seinem bulgarischen Wolf Werner Stöckchen und hat sich eine erbärmliche Halskette aus toten Krebsen gebastelt. Das polnische Hotelfrühstück ist das mieseste bisher. Eierschalensalat und warmes Wasser. Der Pole an sich stiehlt wirklich wie ein Rabenschwarm. Nachdem ich beim Hütchenspiel schon 95.000 Euro und vier Goldzähne verloren habe, hat mir der Taxifahrer auch noch mein Oberhemd und meine Unterhose geklaut. Mit nacktem Oberkörper muss ich in der beißenden Sonne besonders aufpassen. Die Sonnenmilch, die ich heute teste, hat immerhin Schutzfaktor 319. Oder sagen wir besser, hätte. Irgendein polnischer Bootsverleiher hat mir nämlich den Inhalt der Sonnenmilch schamlos gestohlen, als ich mir mit geschlossenen Augen wohlig den Unterleib gekratzt habe. Na ja, da muss ich durch.

Hab polnische Schmetterlinge im Bauch. Im Zuge einer nächtlichen Sauftour durch das pulsierende Stettin habe ich eine zwar nicht sehr attraktive, aber herzensgute polnische Bilanzbuchhalterin kennengelernt. Sofia heißt sie, sie ist 67, relativ stark übergewichtig und hat riesige Mundecken. Ihr Mund ist praktisch eingerissen. Ich glaube, ich liebe sie. Nachdem ich ihr gesagt habe, was ich so im Jahr verdiene, wollte sie mich sofort heiraten. Ist das nicht ein toller Liebesbeweis? Ich hab ihr auch schon einen Job beim Radio versprochen. Sie liebt Pufftechno und Militärmärsche, kann gut Kartoffelgerichte zubereiten und hat zweimal *Das Parfum* gelesen.

Sardinien

Hier im wunderschönen Sardinien ist es uns gelungen, zum ersten Mal so was wie eine Reisebekanntschaft zu machen. Grissemann und ich wohnen in einer schmucklosen Appartementanlage, etwa vierzig Kilometer vom Meer entfernt, direkt neben einer Thunfischdosenfabrik und einer Exkrementenverarbeitungsanlage. Wir teilen uns aus Kostengründen ein Appartement mit einem mürrischen Ehepaar aus Hannover, Bruno und Renate Schwenzer. Die Schwenzers haben sich während der Fußball-WM die deutsche Flagge auf beide Wangen tätowieren lassen und machen einen sehr belämmerten Eindruck. Mir tun sie leid, weshalb ich sie heute Morgen zu einer Wanderung auf den Gipfel des Punta la Marmosa mitgenommen habe, des höchsten Bergs Sardiniens. Grissemann blieb zur Darmberuhigung im Schneidersitz am Hotelbett zurück und ich musste die Schwenzers bei Laune halten. Ich erzählte bis zum Gipfel etwa vierhundert Witze. Kein einziges Mal lachte einer der Schwenzers. Aber Hauptsache, sie hielten den Mund.

Ich leide. Dieses stumpfdumme Eheelend Schwenzer, mit denen wir diese Appartementbaracke teilen, geht mir derart auf die Nerven, dass ich an Doppelmord auf Reisen denke. Ich beschäftigte mich gerade mit liebevoller sardischer Handwerkskunst, knüpfte Teppiche und Topflappen, pfiff ein sardisches Volkslied vor mich hin, als der alte Schwenzer mir versehentlich mitgebrachtes Erdinger Weißbier in den Schritt und auf den Teppich goss. Seine Frau rülpst übrigens wenig bezaubernd im Schlaf. Kurzum, der Aufenthalt in Sardinien ist eine reine Qual, zumal wir alle vier auf einem Kingsize-Bett übernachten müssen und während des Mittagsschlafes hab ich traumverwirrt die alte Schwenzer in der Löffelchenstellung umarmt. Ich kann nicht mehr. Stermann testet jetzt noch schnell am Hoteldach eine bereits 1745 abgelaufene graue Sonnenmilch und dann freuen wir uns auf den Abflug. Mein Darm ist mittlerweile ein Problem zweiter Klasse.

Schottland

Um unsere Sehnsucht nach wilder, unberührter Natur zu stillen, sind wir gestern Nacht mit einem eilig gecharterten Zeppelin von Sardinien nach Schottland geflogen. Sind in Edinburgh im »Nightmare« untergebracht, einem düsteren Familienhotel, in dem sich angeblich seit 1980 über sechshundert Gäste umgebracht haben, wie die Hotelchronik verrät. Unter jedem Kopfpolster ruht eine Walter-Faustwaffe oder drei hübsch verpackte Zyankalikapseln zur freien Verwendung für den traurigen Touristen. Von der Decke baumeln Stricke und die Fenster müssen laut Hausordnung für einen eventuellen Sprung ständig offen gelassen werden. Gottlob bin ich stabil genug, um diesen Verlockungen zu widerstehen. Schon bizarr, in diesem Hotel der Suicide-Kette muss natürlich im Voraus bezahlt werden, in der Lobby lungern gelangweilte Leichenwäscher herum und aus dem Nebenzimmer, in dem Grissemann wohnt, hab ich schon länger kein Geräusch mehr gehört. Schläft er, oder ist er tot? Macht für die Welt keinen Unterschied, denk ich mir und werde meine Kehle nun mit einem Gläschen Whisky verwöhnen, bevor ich bei offenem Fenster die Sonnencreme »Delial Goodbye« teste. Eine fingerhutgroße Flasche für das allerletzte Sonnenbad vorm Strandsuizid.

Meinen sogenannten »Trockendarm« bekommen die fünf Gläser Whisky, die ich eben im Schaukelstuhl schweigend zu mir genommen habe, sehr, sehr gut. Der stillose Stermann weiß natürlich nicht, dass schottischer Whisky ausschließlich mit ein paar Tropfen reinen Wassers gestreckt werden darf und nie und nimmer mit prolligen Eiswürfeln. Versuche gerade verzweifelt mir die unterschiedlichen britischen Gewichtseinheiten ins Hirn zu hämmern. Ich steig da einfach nicht durch: Gallon, Pint, Inch, Foot, Yard oder wie oder was. Ich plane nämlich, am Nachmittag in einem Antiquitätengeschäft in der Thistle Street etwa neun Kilogramm schottische Kuckucksuhren zu erstehen, die bezaubernd in unser Großraumbüro passen werden. So, jetzt mach ich mir noch einen gemütlichen Kaffeeeinlauf à la Sauermann.

Die Reise des Bruno A. Sauermann

Spanien

Ich schätze, Grissemann wird nichts vom fabelhaften Barcelona mitkriegen. Er hat sich im Hotelzimmer eingeschlossen und schluckt entflammte Streichhölzer. Er vermutet mindestens zehn, wenn nicht zwanzig Bandwürmer in seinem Gedärm, die er auf diese Weise ausräuchern will. Ich kann mich nicht um diesen Wahnsinnigen kümmern und genieße die genialen Bauten Gaudís und die Werke von Picasso und Miró. Sitze gerade am Plaça Catalunya und halte meine mit 1982 abgelaufener rumänischer Sonnenmilch eingecremte Nase in die spanische Sonne. Habe mir leider beim Frühstück ein wenig den Magen verdorben und muss alle zwei Minuten zum Klo laufen, um mich lauthals zu übergeben. Außerdem haben mir spanische Halbwüchsige in der U-Bahn Geld, Pass und Armbanduhr gestohlen. Zu allem Überfluss habe ich auch noch über 42 Grad Körpertemperatur. Reisefieber wahrscheinlich. Ich glaub, ich geh besser aus der prallen Sonne.

Liege grollenden Magens im Hotelbett und starre die Decke an. Kann es wirklich sein, dass Bandwürmer meinen Darm bewohnen? Ich bin erschreckend dünn geworden die letzten Tage. Habe sicher vierzig Kilogramm abgenommen, obwohl ich üppig esse, siebenmal täglich. Meine Haut ist bläulichweiß und meine Füße kann ich gar nicht mehr bewegen. Gerade eben ist auch noch der Deckenventilator aus der Wand gebrochen und mir auf den Unterleib gefallen. Aua! Ich kann nicht mehr. Habe sämtliche Jägermeister-Fläschchen und den Piccolosekt aus der Minibar ausgetrunken, so dass ich vielleicht eine kleine Mütze betrunkenen Schlaf kriegen kann. Barcelona kann mir gestohlen bleiben. Ich muss zum Arzt.

Thailand

Von Spanien nach Thailand. Das ist Brutalität. Hunderte Luftlöcher während des Zwölf-Stunden-Fluges haben vor allem Grissemanns Kopf nicht gutgetan. Als Kopf ist das gar nicht mehr erkennbar, was Grissemann da zwischen seinen Schultern trägt. Sieht eher aus, als hätte man mehrmals in eine Wassermelone geschossen. Müsste sich halt endlich mal dran gewöhnen, sich im Flugzeug anzuschnallen, dieser Narr. Bangkok ist spitze, alle freundlich, Wetter gut, Ozonwerte fantastisch hoch. Haben uns den Vormittag in der »Siam Ocean World« vertrieben. Das größte Aquarium der Welt: 10.000 Quadratmeter, sieben Stockwerke. Bin leider einmal kurz, weil die Neugier zu groß war, ins Becken geflogen und hatte einen kräfteraubenden Kampf mit einem riesigen Zackenzahnhai, dem zu allem Überfluss auch noch einige vier Meter lange Spinnenkrabben zu Hilfe eilten. Muss leider den Verlust des linken Unterarms beklagen, ansonsten zog mich die Rettung heil aus dem Aquarium. Bin so verliebt in Thailand, dass ich heute Abend in Trang eine Unterwasserhochzeit feiern will. Hoffentlich kann ich Grissemann dazu überreden, schließlich soll er mein Trauzeuge sein. Ach ja: Und eine Braut muss auch noch her.

Stermann macht tatsächlich ernst und will in irgend so einer beschissenen Bucht unter Wasser heiraten. Eine verwirrte Botschaftsangestellte hat doch tatsächlich gegen Geld zugesagt, Stermann zu ehelichen. Und ich muss als nasser Trauzeuge im Taucheranzug auch zehn Meter unter Wasser. Diese ganze lächerliche Zeremonie findet am Rajamokol Beach statt und endet mit einem romantischen Dinner, so Stermann. Zu dem ich natürlich nicht eingeladen bin. Noch eine gute Nachricht: Der Chef der »Siam Ocean World« hat Stermanns Unterarm am Aquariumboden gefunden. Ärzte in der Klinik Bangkok versuchen den deutschen Unterarm wieder anzunähen. Sieht auch bei der Hochzeit besser aus, wenn alles dran ist.

Die Reise des Bruno A. Sauermann

Türkei

Das darf nicht wahr sein, eine Qualle in der Hotelbadewanne. Ist es vielleicht Qualtinger, die von der zypriotischen Küste bis in diese türkische Badewanne geschwommen ist? Möglich wäre es schon, da Quallen ja bis zu vierhundert Jahre alt werden können. Gott sei Dank hab ich sie bemerkt, bevor ich reingestiegen bin. Hab sofort nach dem Hoteldirektor verlangt, ihm die Ohren lang gezogen und ihm klargemacht, dass man mit Quallen in der Badewanne aber so was von überhaupt nichts in der EU verloren hat. Er hat die Qualle dann mit seiner Faustfeuerwaffe erschossen und mir als Wiedergutmachung Vollpension angeboten. Das ist Istanbul. Unser Hotel trägt den wenig ermutigenden Namen »BLACK BIRD« und hat nicht einmal einen Stern in der Landeskategorie. Die Scheiben sind blutverschmiert, wegen der dusseligen Vögel, die hier im Sekundentakt gegen die Fenster knallen. Meine nagende Geldknappheit zwingt mich dazu, nun am Bahnhof betteln zu gehen. Die gute Nachricht: Von Grissemann den ganzen Tag nichts gehört, vielleicht hat er sich im Nebenzimmer umgebracht.

»Lassen sie sich verzaubern von der orientalischen Lebensfreude«, steht im Katalog. Was damit gemeint ist, frag ich mich. Die durchgeranzte Frühstücksbutter, das Handgemenge an der Rezeption heute Morgen oder die sintflutartigen Regenfälle seit mehreren Stunden? Ich und mein Wolf stehen traurig am Fenster. Wir haben Heimweh. Er nach Bulgarien und ich nach Wien. Dabei sollte Istanbul der Höhepunkt unserer Weltreise sein. Die Moscheen, die Märkte und Basare, der ganze Duft der Stadt. Mein Wolf riecht übrigens so bestialisch, dass er einiges zum Duft der Stadt beitragen kann. Habe mich dazu entschlossen, Istanbul komplett zu verschlafen.

Vietnam

Unser umstrittenes Hotel heißt diesmal übersetzt »Schlafende Ratte«, liegt unschön in der Peripherie von Saigon und das wiederum ist die Hauptstadt von Vietnam. War kein Katzensprung hierher, deshalb kann man sich unsere Geschlauchtheit vielleicht vorstellen, und das, obwohl Grissemanns Proktologe per Telefon »Ruhe, Ruhe, Ruhe« empfohlen hat. Nix als Probleme auch hier in Vietnam. Eines der wenigen Länder der Erde, in denen das schreckliche H5N1-Virus ja auch im Menschen nachgewiesen wurde, und was mach ich Esel kurz nach Ankunft? Trinke aus dem Schnabel eines Kakadus Regenwasser, weil ich gar so Durst habe. Das zärtliche Ablecken des Federkleids hätte ich mir auch sparen können, aber so ist es immer, wenn ich diese netten Vögel sehe. Ich bin vernarrt in sie. Der Arzt, der mir vorsichtshalber einen weißen Schutz ums Maul gebunden hat, meinte mit strengem Blick, dass auch das Dengue-Fieber stark im Kommen sei und sporadisch sogar einzelne Pestfälle in Vietnam aufgetreten seien. Na ja, morgen sind wir wieder weg. Wird schon nix passieren. Liegen jetzt übrigens gerade in der Ha-Long-Bucht. Grissemann wimmert am Ferrari-Handtuch vor Bauchschmerzen und ich teste »Skin deep – Sonnencreme für Narren«. Die Milch hat eine regelrechte Lupenfunktion in der Sonne und brennt dir tiefe Löcher in die Gesichtshaut.

Muss vor allem meinen Darmaußenring in Bewegung halten und bin deshalb in aller Herrgottsfrüh durch die charmanten Ortschaften Dong thap, Thang hoa, Ha noi, Mai dong und Vin phuc genordicwalked. Das kennen die hier offensichtlich nicht. Sofort hat mich ein Rudel Kleinkinder verhöhnend nachgemacht und die alten Vietnamesen haben mit dem Finger auf mich gezeigt. Egal, Gesundheit geht vor. Ein Bärenhunger trieb mich dann in ein kleines, feines Straßenrestaurant und ich kann sagen: Völliger Quatsch, dass die Leute hier Hunde essen oder Katzen oder so. Drei Wolfspfoten hab ich verschmaust und als Dessert an einigen Geierkrallen herumgebissen. Werner, mein bulgarischer Wolf, der seit Beginn der Welt-

Die Reise des Bruno A. Sauermann

reise nicht von meiner Seite weicht, hat vor allem während des Hauptgangs recht betreten geschaut. Ob das verwegene Menü meinem Darm guttut, wird sich noch weisen. Auf dem Spaziergang zurück ins Hotel hat mir ein rücksichtsloser Mopedtaschendieb auch noch meine Nordic-Walking-Stöcke aus der Hand gerissen. Vietnam kann mich am Arsch lecken.

Zypern

Schon Aphrodite wählte Zypern als ihre Heimat aus. Da darf ich als zumindest Radio-Liebesgott nicht nachstehen und auch einen Tag lang Zypern als mein Zuhause betrachten. Leider meldete sich heute wieder der Darm meines Reiseassistenten lautstark und besudelte mit seinen schlimmen Geräuschen meinen Zypernaufenthalt. Wir wohnen in einem leider noch nicht renovierten Zwei-Sterne-Hotel, das letzten Sommer komplett ausbrannte, weil ein Trotteltourist im Bett geraucht hat. Aber außerhalb des Hotels: ein Platz frei von Sorgen, gewärmt von Freundlichkeit. Sitze gerade am Strand der Hafenstadt Limassol und werde mich gleich komplett entkleiden, um mich in der gleichen Grotte zu erfrischen, in der die Göttin der Liebe nach ihren Liebesspielen zu baden pflegte.

Gegen die Zahlung von 780 US-Dollar ist ein Darmspezialist aus Nikosia mit dem Propellerflugzeug zu mir ins »Feuerhotel« geflogen, um mir erste Hilfe zu leisten. Er murmelt irgendwas von Thalassotherapie und schlägt ständig die Hände überm Kopf zusammen, nachdem er meinen Bauch abgehört hat. In einem unbeobachteten Moment hat er sogar geweint. Was hat er denn? Bin ich so darmkrank, dass die Ärzte schon in einen Heulkrampf ausbrechen? Sollte es mir so gehen wie dem Kaffeeröster? Sollte auch ich auf Zypern sterben? Ich arme Sau, Stermann plantscht in der Liebesgrotte und ich krümme mich vor Schmerzen unter einer verkohlten Bettdecke, neben mir ein weinender Arzt. Ich will nur noch nach Hause. Morgen gehts zurück nach Wien. Da bleib ich dann, denn die Welt – und sei es die des legendären Bruno A. Sauermann – soll mich in Ruhe lassen!

Die Reise des Bruno A. Sauermann

Quellenverzeichnis

4:9 – Die legendär niedrigsten Blutdrucke der Welt, Albert Schweitzer Verlag, Kapstadt, 1986.

Friedrich Atzorn-Sapperlot, *Bekenntnisse eines Münchners,* Selbstverlag, 1905.

Aber bitter mit Sahne, Verlag Deutsche Forschung, Deutsch Wagram, 1924.

Bier her und ich fall um – Leichenschluck mit Schaum, Streitschrift der Winzerinnung »Rheinweine«, Koblenz, 1922.

Archibald Boom, *Die dicke Bertha – Women in War,* Old Publishers, Londonderry, 1950.

Erhard Braun de Frauenpraun, *Hab nun oh Haupt noch Wonne – Die Freikirche in nördlicher Diaspora,* Kommunionsverlag, Münster, 1916.

Budapests Zeichner-Lemminge. Hoher Blutzoll unter Ungarns Illustratoren, illustriert von András Kuck, Budapest, 1921.

Jan Deerksen, *Zu großer Bahnhof? – Streitschrift, Unterrichtsmaterialien zur Hamburger Verkehrsgeschichte,* Verlag Nord, Hamburg, 1913.

Die Krüppelgarde, hrsg. von Dr. Manfred von Richthofen, Verbrecherverlag, Mannheim, 1919.

Klara Domest / Sieglinde Habdich, *Jurte, Jak und Büffeldübeln – Vier Jahre in der vorderasiatischen Steppe,* Dromedar, Stuttgart, 1927.

Du, hrsg. von Ignaz Ichnicht, Edition Schweighofer, Bern, 1910.

EiEiEi – Lüttich Liköre fürs Leben, Verlag Reisfleisch, Gent, 1932.

Es ist noch kein Attentäter vom Himmel gefallen! Erste Gehversuche berühmter Terroristen von Carlos bis Franz Fuchs, hrsg. von Gabor von Zoltan, SevenEleven, Omaha, 2006.

Equus magicus – Morphologie auf vier Hufen, Kain Nabel Verlag, Osnabrück, 1987.

Europe's Biggest Roasters, Lloyd, London, 1933.

Dr. Friedrich Falter, *Alte Tiere in der Deutschen Bahn,* Kadaververlag, Aas in Westfalen, 1989.

André Fangmich, *Über den Tellerrand hinaussehen – Innovative Gedanken eines Industrial Designers*, Verlag Stil und Stuss, Wiesbaden, 1990.

Fisting in Bavaria. Ein reizender Sexführer für Anfänger und Ortsunkundige, Edition Halsband, München, 2004.

Fressen wie bei König Friedrich dem Großen mit Sauce, Leipzig, 1958.

Wehrbischof Goran, »Das ist katholischer Alltag«, in: *Die Furche,* 12. Mai 2006.

Firmengründer Herz, *Das große Tchibo-Buch,* Tchibo Verlag, Hamburg, 1955.

Briefwechsel Ernest Hemingway / Marlene Dietrich, Archiv der John F. Kennedy Library, Boston, 1949.

Heinrich Himml, »Der Dielentod des Sahnekönigs«, in: *Kölscher Rheinbote,* 13. November 1908.

Heinrich Hockl, *Die Trinkparade. Hochprozentiges Benehmen,* Edition S Trompetchen, Mettmann, 1927.

»Hitler totgeschossen!«, in: *Konstantinopel Post,* 23. Juni .1939.

Prof. Klaus Huf, *The Wiener Takes It All – Gewinner und Verlierer globaler Wirtschaftskrisen,* Reihe »Das schauen wir uns jetzt mal genauer an«, Verlag Siechen & Suchen, Schattendorf, 1959.

Frank Huhn, *Cappuccino-Mord im Schrebergarten,* Schreberverlag, 1911.

Frank Huhn, *Das Cappuccino-Komplott,* Schreberverlag, 1909.

Frank Huhn, *Mokka-Mord im Schrebergarten.* Schreberverlag, 1910.

Ich schnall es nicht – Zu blöd zum Fliegen. Deutschlands dümmste Flugpassagiere, Edition Blackbox, Landshut, 2004.

Im Samen des Herrn, Verlag 666, Augsburg, 1933.

Wolf Käferle, *Kranker Kaffee – Konsequenzen langjährigen Kaffeekonsums,* Edition Panik & Attacke, Berlin, 1991.

Jack Katsopopoulopoulos, *Braver Spieber – Guter Spoen. Bewegende Landsererinnerungen zweier Märtyrer der Kriegsstriegelei,* Luftschacht-Verlag, Bonn, 1972.

Ludwig von Klump, *Bein ab, Arm dran?,* Verlag Not und Elend, Berlin, 1919.

Sebastian Kneipp, *Der Tod ißt mit. Gefahr: Klot*, in: *Medizinische Blätter*, BMW – Bayrische Medizin Werke, Bad Wörishofen, 1904.

M. Kriehuber-Czeschek, *Wiener Zeitung*, Chronikteil, 2. März 1909.

Kardinal Kurt, *Hier kommt Kurt – Einmal Bischof und zurück. Launige Lebenserinnerungen eines pensionierten Doppelhof-Abtes*, Füchse Verlag, Paderborn, 1894.

N'dogo Rigobert Kwambaa-Musambe, *Hairgott – Göttermythologie und Frisurenkult in Schwarzafrika*, Rothaut-Verlag, Leipzig, 1973.

Dr. in spect. Björn Laabkaus, *Jahresbericht Seemannshospiz St. Christophorus*, Station 1/II/B, Fischerei- und Angelabteilung, Sturmerstversorgung.

Dörte Lassdich, *Sag mir, was du liest, und ich sag dir, was du ißt*, Institutsverlag der offenen Psychiatrie Heidelberg, Abteilung Hoffnungslos, 1991.

Lenin Loves Olga. Wenn Eifersucht in einer Erschießung endet, hrsg. von Prof. Didi Lehmann, Hannover, 1981.

Liedbuch der sozialistischen Jugend Wien, hrsg. von Bernhard Eiter, Wels, 1944.

Bartlomiej Arkadiusz Meky, *Zsuzsa – krz. Wyrzyl. Slkg*, Diplomandenseminar, Kaderverlag (Uniwersytet Gdański), Danzig, 1973.

Marianne Methusalem, *Dä Heulwibbs – Alte Jungfrauen zwischen Rhein und Weser*, Verlagsgruppe Rotkehlchen, Wesel, 1940.

Katsuhito Minusake, *Der alte Geishamann von Hiroshima*, Verlag Wasabi, Tokio, 1950.

Jean Baptiste Monet, *Le Roi est mort – Pourquoi? Les malaises des Royaux*, Lille, 1950.

N'gudu N'gada, *Praxis Doktor Dschungel – Medizin aus dem Urwald*, Tutu Verlag, Kinshasa, 1998.

Nicht mein Kaffee – Korrespondenz der großen Röster, hrsg. von Stefanie Schnehmann, Lawinenverlag, Hamburg, 1950.

Notare in Not – Über die erschreckende körperliche und geistige Verfassung bundesdeutscher Notare und Treuhänder, Edition Mengele, Buenos Aires, 1952.

Quellenverzeichnis

Klaus Nüchtern, *Prinz Peinlich – Leben ohne Hirn. Das vertrottelte Leben von Prinz Purzl von Spechtl*, Falter Verlag, 2005.

Gerd Ofen, *Melodie des Todes. Die letzten Bläser ihrer Majestät – Wenn Instrumente zu Mordwerkzeugen werden*, Verlagshaus HampeHampeHampe, Bonn, 1967.

Fjodor Pirosch, *Lenins Liebesleben*, Verlag Verbrannte Erde, Jekaterinburg, 1922.

Major Hans von Rad, *Fleischbeschauliche Materialien des Königl. Preußischen Versorgungsamtes*, Berlin, 1918.

Sir Walter Rattle, *Where Are You? – How Rich Couples Loose Their Love in Huge Chalets*, Sweet Disharmony, Dublin, 1981.

Sir Cecil Rhodes, *Nackedei und Sklaverei – Komplete Kulturgeschichte Afrikas*, Hertfordshire, 1897.

Marianne Schmeling, *Es hat sich ausgeheckt – Über das schleichende Ende der Heckenschneidekunst in den Vorgärten Vorpommerns*, Grünzeugverlag, Stettin, 1922.

Jim-John Schoenrock, »Go East – Mass Immigration to Germany from the U. S.«, *New Jersey Chronicle*, 3. Dezember 1924.

Heinz Schwamm, Archiv des *Kölner Rundboten*, 22. März 1920.

Schwul durch Schärfe? Über den Zusammenhang von scharfem Essen und der sexuellen Ausrichtung anhand von Chili, Kren und Wasabi, Edition Erzengel Gabriel, Krakau, 1987.

Sinn und Zinn – Der Dalai-Lama und »Zöpfle«-Zinnkrüge. Wie der oberste Tibeter seine Leidenschaft für Zinn aus Koblenz entdeckte, hrsg. von Tibetische Volksbibliothek Lhasa, Lhasa, 2001.

Univ.-Doz. Urs Sprängli, *Mongoloid in Melbourne – Die Bedeutung des Down-Syndroms im Land der Känguruhs*, Edition Gruezi alle mitanand, Basel, 1967.

Stahl und Stil – Von Humpen und Panzern. Die wechselvolle Geschichte der Firma Meggle, Basel, 1946.

Ursula Stenzel, *Muttis Wille geschehe – Wenn Mütter zu viel Macht ausüben*, Matronenverlag, Wien, 2001.

Flavio di Straccia, *Gelato e guerra – Una storia mortale della vaniglia criminale. I tedeschi e il »senfgas«*, Vesuv, Neapel, 1975.

Heinz Strunk, *Dumme Duos – Von Modern Talking bis Stermann/Grissemann. Über den erschreckend niedrigen intellektuellen Gehalt der künstlerischen Arbeit im Zweierteam,* Koboldverlag, Hamburg-Harburg, 2005.

Bertha von Suttner, *Zinnpazifisten. Überlegungen zur friedlichen Kindererziehung,* A. Lozzi Verlag, Pest, 1920.

Gianni Versace, *Hose runter, Chicago!,* Hommage an Ludwig Schirmlöser, Hemd & Hose, Mailand, 1997.

Eddie van de Vliet, *Cows and Kings. Leere Euter an der Maas,* Noord Verlag, Rotterdam, 1907.

Von Lipizzanern und Eselchen, Kampftiere an der Front, hrsg. von Dr. Manfred von Richthofen, Igelverlag, Preußen, 1923.

Wenn Atombomben die Frisur zerstören. Über die schrecklichen Kollateralschäden nuklearer Waffen in der guten Gesellschaft, hrsg. von Fiona Swarowski, Karlheinz Verlag, Kitzbühel, 2007.

Zwergbumsti schmeißt die Schwulen raus [Band 1], *Zwergbumsti schmeißt die Zigeuner raus* [Band 2], *Zwergbumsti wirft die Linken raus* [Band 3], *Zwergbumsti wirft sie alle raus bis auf Zwergbumsti* [Band 4], hrsg. von Heidi Henkel und »SS-Sigi«, Heil-Verlag, Brandenburg, 2007.

Nach dem Tod Bruno A. Sauermanns wurde auf seinem Grab in Köln eine große Kaffeemaschine aus Marmor errichtet. Im Lauf der Studentenunruhen im Jahr 1968 wurde das Denkmal allerdings zerstört.
(B. A. S. 1902 – 1933)